5급Ⅱ

쉽게 따는

행복漢 한

급수한자

새희망

한자능력검정시험안내

❖ 한자능력검정시험이란 ?

· 한자능력검정시험은 한자 활용 능력을 측정하는 시험으로 공인급수
  시험(특급, 특급Ⅱ, 1급, 2급, 3급, 3급Ⅱ)과 교육급수 시험(4급, 4급Ⅱ, 5급, 5급Ⅱ 6
  급, 6급Ⅱ, 7급, 7급Ⅱ, 8급)으로 나뉘어져 실시합니다.
· 한자능력검정시험은 1992년 처음 시행되어 2001년부터 국가공인자격시험(1급~4급)으로 인정받았고 2005년
  29회 시험부터 3급Ⅱ 이상은 국가공인시험으로 치러지고 있습니다.
· 자세한 내용은 시행처인 한국 한자능력검정회 홈페이지 www.hanja.re.kr 에서, 시험점수와 합격안내
  는 www.hangum.re.kr 을 참조하세요!

❖ 어떤 문제가 나올까요?

각 급수별로 문제 유형은 아래 표와 같습니다.

구분	특급	특급Ⅱ	1급	2급	3급	3급Ⅱ	4급	4급Ⅱ	5급	5급Ⅱ	6급	6급Ⅱ	7급	7급Ⅱ	8급
독음	45	45	50	45	45	45	32	35	35	35	33	32	32	22	24
훈음	27	27	32	27	27	27	22	22	23	23	22	29	30	30	24
장단음	10	10	10	5	5	5	3	0	0	0	0	0	0	0	0
반의어(상대어)	10	10	10	10	10	10	3	3	3	3	3	2	2	2	0
완성형(성어)	10	10	15	10	10	10	5	5	4	4	3	2	2	2	0
부수	10	10	10	5	5	5	3	3	0	0	0	0	0	0	0
동의어(유의어)	10	10	10	5	5	5	3	3	3	3	2	0	0	0	0
동음 이의어	10	10	10	5	5	5	3	3	3	3	2	0	0	0	0
뜻풀이	5	5	10	5	5	5	3	3	3	3	2	2	2	2	0
약자	3	3	3	3	3	3	3	3	3	3	0	0	0	0	0
한자 쓰기	40	40	40	30	30	30	20	20	20	20	20	10	0	0	0
필순	0	0	0	0	0	0	0	0	3	3	3	3	2	2	2
한문	20	20	0	0	0	0	0	0	0	0	0	0	0	0	0

· 독음 : 한자의 소리를 묻는 문제입니다.
· 훈음 : 한자의 뜻과 소리를 동시에 묻는 문제입니다. 특히 대표훈음을 익히시기 바랍니다.
· 반의어.상대어 : 어떤 글자(단어)와 반대 또는 상대되는 글자(단어)를 알고 있는가를 묻는 문제입니다.
· 완성형 : 고사성어나 단어의 빈칸을 채우도록 하여 단어와 성어의 이해력 및 조어력을 묻는 문제입니다.
· 동의어.유의어 : 어떤 글자(단어)와 뜻이 같거나 유사한 글자(단어)를 알고 있는가를 묻는 문제입니다.
· 동음이의어 : 소리는 같고, 뜻은 다른 단어를 알고 있는가를 묻는 문제입니다.
· 뜻풀이 : 고사성어나 단어의 뜻을 제대로 알고 있는가를 묻는 문제입니다.
· 한자쓰기 : 제시된 뜻, 소리, 단어 등에 해당하는 한자를 쓸 수 있는가를 확인하는 문제입니다.
· 필순 : 한 획 한 획의 쓰는 순서를 알고 있는가를 묻는 문제입니다. 글자를 바르게 쓰기 위해 필요합니다.

· 5급Ⅱ 출제 유형 : 독음35 훈음23 반의어3 완성형4 동의어3 동음이의어3 뜻풀이3 약자3 쓰기20 필순3

＊ 출제 기준은 기본지침으로서 출제자의 의도에 따라 차이가 있을 수 있습니다.

합격 기준표

구분	특급·특급II	1급	2급·3급·3급II	4급·4급II·5급·5급II	6급	6급II	7급	7급II	8급
출제 문항수	200		150	100	90	80	70	60	50
합격 문항수	160		105	70	63	56	49	42	35
시험시간	100분	90분	60분	50분					

✢ 급수는 어떻게 나뉘나요?

8급부터 시작하고 초등학생은 4급을 목표로, 중고등학생은 3급을 목표로 두면 적당합니다.

급수	읽기	쓰기	수준 및 특성 배정한자
특급	5,978	3,500	국한혼용 고전을 불편 없이 읽고, 연구할 수 있는 수준 고급
특급II	4,918	2,355	국한혼용 고전을 불편 없이 읽고, 연구할 수 있는 수준 중급
1급	3,500	2,005	국한혼용 고전을 불편 없이 읽고, 연구할 수 있는 수준 초급
2급	2,355	1,817	상용한자를 활용하는 것은 물론 인명지명용 기초한자 활용 단계
3급	1,817	1,000	고급 상용한자 활용의 중급 단계
3급II	1,500	750	고급 상용한자 활용의 초급 단계
4급	1,000	500	중급 상용한자 활용의 고급 단계
4급II	750	400	중급 상용한자 활용의 중급 단계
5급	500	300	중급 상용한자 활용의 초급 단계
5급II	400	225	중급 상용한자 활용의 초급 단계
6급	300	150	기초 상용한자 활용의 고급 단계
6급II	225	50	기초 상용한자 활용의 중급 단계
7급	150	-	기초 상용한자 활용의 초급 단계
7급II	100	-	기초 상용한자 활용의 초급 단계
8급	50	-	한자 학습 동기 부여를 위한 급수

＊ 상위급수의 배정한자는 하위급수의 한자를 포함하고 있습니다.

✢ 급수를 따면 어떤 점이 좋을까요?

- 우리말은 한자어가 70%를 차지하므로 한자를 이해하면 개념에 대한 이해가 훨씬 빨라져 학업 능률이 향상됩니다.
- 2005학년부터 수능 선택 과목으로 한문 과목이 채택되었습니다.
- 수많은 대학에서 대학수시모집, 특기자전형지원, 대입면접시 가산점을 부여하고 학점이나 졸업인증에도 반영하고 있습니다.
- 언론사, 일반 기업체 인사고과에도 한자 능력을 중시합니다.

다양한 학습 방법으로 기초를 튼튼히!!!

❖ 기본 학습

한자 유래
재미있는 그림과 함께 한자 유래 알기

뜻 그림
한자의 뜻을 알기 쉽게
그림으로 표현

훈(뜻)과 음(소리)
한자 익히기의 기본인
훈(뜻)과 음(소리)을 알기

필순
한자를 바르고 쉽게
따라 쓰기

쓰기 연습란
충분한 반복 쓰기
연습

단어
해당 한자가
들어 있는 단어

❖ 한자 소개
앞으로 배울 한자를 10자씩 유래 그림과 함께
소개합니다.

❖ 단원 확인 학습
앞서 배운 한자의 독음 쓰기와 선택형 문제
풀기 등 두 가지 유형의 문제를 풀어 봅니다.

이 정도 실력이면 급수따기 OK!

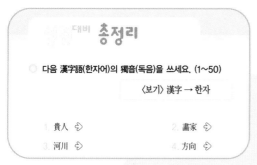

❖ 예상문제
단원별로 한자능력시험의 예상문제를 제시하였습니다.

❖ 만화 사자성어
사자성어를 만화로 쉽게 이해할 수 있게 구성하였습니다. 배운 사자성어를 생활 속에서 적절히 사용해 보세요.

❖ 실전대비총정리
단원별 학습이 끝난 후 배운 내용을 총정리할 수 있는 문제로 다시 한 번 학습합니다.

❖ 부록
- 유의어, 상대어
- 일자다음어, 사자성어
- 약자, 혼동하기 쉬운 한자

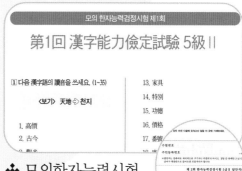

❖ 8급, 7급, 6급, 5급 II

❖ 모의한자능력시험
실제 시험과 똑같은 답안지와 함께 제공되어 실제 시험처럼 풀면서 실전 감각을 익힐 수 있습니다.

찾아보기 (5급 II 100자)

5급 II과정

價 값 가

客 손 객

格 격식 격

見 볼 견

決 결단할 결

結 맺을 결

敬 공경 경

告 고할 고

課 공부할/과정 과

過 지날/허물 과

한자의 유래
장사하는 사람이란 의미로 사람 인(亻/人)
과 발음을 결정한 고(賈)가 합쳐진 한자입
니다.

價
값 가 (亻/人부)

價價價價價價價價價價價價價價價 (총 15획)

필순에 따라 빈 칸에 한자를 쓰고 훈과 음을 쓰세요.

價 값 가					
약 자 价					

교과서 한자

· 定價(정가) : 정해 놓은 값.
· 代價(대가) : 물건이나 노력에 대한 값.

定價 代價

월   일 확인:

한자의 유래

뜻을 결정한 면(宀)과 발음을 결정한
각(各)이 합쳐진 한자로 다른 곳에 있던
사람이 집으로 찾아온다는 뜻입니다

손 객 (宀부)

客客客客客客客客客 (총 9획)

필순에 따라 빈 칸에 한자를 쓰고 훈과 음을 쓰세요.

客 손 객	客	客	客	客	客
客					

교과서 한자

· 客席(객석) : 손님의 자리.
· 客車(객차) : 여객을 실어 나르는 철도 차량.
· 상대, 반의어 : 主(주인 주).

한자의 유래

나뭇가지를 '바로잡다'는 뜻을 결정한 목(木)과 발음을 결정한 각(各)이 합쳐진 한자로 사람을 격식으로 바로 잡다는 뜻이 되었습니다.

격식 **격** (木부)

格格格格格格格格格格 (총 10획)

필순에 따라 빈 칸에 한자를 쓰고 훈과 음을 쓰세요.

格					
격식 격					

교과서 한자

· 格言(격언) : 사리에 꼭 맞아, 인생에 대한 교훈이나 경계가 되는 짧은 말.

· 合格(합격) : 채용이나 시험에 붙음.

· 유의어 : 式(법 식)

한자의 유래
사람의 눈을 본뜬 目(눈 목)과 사람의 모습을
본뜬 儿(어진사람 인)이 합쳐진 글자로 눈을
부각시켜 본다는 의미를 강조한 한자입니다.

볼 **견** (見부)　　見 見 見 見 見 見 見 (총 7획)

필순에 따라 빈 칸에 한자를 쓰고 훈과 음을 쓰세요.

見						
볼 견						

교과서 한자

· 見學(견학) : 실제로 보고 배움.

· 見聞(견문) : 보고 들음.

11

월 일 확인:

한자의 유래
물이 터져 흘러 나온다는 뜻을 결정한 물 수(氵/水)와 발음을 결정한 결(夬)이 합쳐 져 '결단하다, 결정하다' 라는 뜻이 되었습 니다.

결단할 **결** (氵/水부)   決決決決決決決 (총 7획)

필순에 따라 빈 칸에 한자를 쓰고 훈과 음을 쓰세요.

決					
결단할 결					

교과서 한자

· 決定(결정) : 태도나 행동을 확실히 정함.
· 決心(결심) : 마음을 굳게 작정함.

한자의 유래

실을 매어 놓는다는 뜻으로 실 뭉치 모양을 본뜬 사(糸)와 발음을 결정한 길(吉)이 합쳐진 한자입니다.

맺을 **결** (糸부)

結結結結結結結結結結結結 (총 12획)

필순에 따라 빈 칸에 한자를 쓰고 훈과 음을 쓰세요.

結				
맺을 결				

교과서 한자

· 結果(결과) : 어떤 까닭으로 생긴 결말.
· 結成(결성) : 조직이나 단체 등을 만듦.

結果結成

13

敬

공경

경 (攵부)

한자의 유래

사람이 머리 장식을 하고 무릎을 꿇어앉은
모습을 본뜬 구(苟)와 회초리를 든 손의
모습을 본뜬 글자인 복(攵)이 합쳐져 지금
의 '공경하다'는 뜻이 되었습니다.

敬敬敬敬敬敬敬敬敬敬敬敬敬 (총 13획)

필순에 따라 빈 칸에 한자를 쓰고 훈과 음을 쓰세요.

敬				
공경 경				

교과서
한자

· 敬老(경로) : 노인을 공경함.
· 敬禮(경례) : 공경의 뜻을 나타내기 위한 인사.

敬 老 敬 禮

한자의 유래
소의 모습을 본뜬 우(牛)와 소를 잡아서
제사를 드리면서 자신의 염원을 신에게
빈다는 뜻을 나타낸 한자입니다.

고 (口부)

告告告告告告告 (총 7획)

필순에 따라 빈 칸에 한자를 쓰고 훈과 음을 쓰세요.

告					
고할 고					

· 告白(고백) : 감추어 둔 것을 숨김없이 말함.
· 告發(고발) : 잘못이나 비리 등을 드러내어
알림.

한자의 유래
말로 '평가하다', '공부하다' 는 뜻을 결정
한 말씀 언(言)과 발음을 결정한 과(果)가
합쳐진 한자입니다.

공부할/과정 과 (言부)   課課課課課課課課課 (총 15획)

필순에 따라 빈 칸에 한자를 쓰고 훈과 음을 쓰세요.

課					
공부할/과정 과					

교과서 한자

· 日課(일과) : 날마다 하는 일.
· 課長(과장) : 과의 책임자.

16

한자의 유래

진행의 뜻을 결정한 착(辶)과 발음을 결정한 와(咼)가 합쳐져 일반적인 경우에서 벗어난 행동이나 허물, 잘못이란 의미를 가진 한자입니다.

過 지날/허물 과 (辶부)

過過過過過過過過過過過過過 (총 13획)

필순에 따라 빈 칸에 한자를 쓰고 훈과 음을 쓰세요.

過 지날/허물 과						

교과서 한자

· 過多(과다) : 너무 많음.
· 過失(과실) : 잘못이나 허물.

17

1. 다음 漢字(한자)의 讀音(독음)을 ( )안에 쓰세요.

1) 요즈음 식료품 價格(   )이 많이 올랐다.

2) 그 영화를 보기위해 수많은 관客(   )들이 극장으로 몰려들었다.

3) 格式(   )에 맞게 문서를 작성하라!

4) 이 지역에서 삼국시대의 유물이 發見(   )되었다.

5) 바보들은 항상 決心(   )만 한다!

6) 結果(   ) 만큼 과정도 중요하다.

7) 선수들은 모두 모자를 벗어 그에게 敬意(   )를 표했다.

8) 그 선수는 경告(   ) 누적으로 다음 게임에 출전하지 못한다.

9) 선생님이 내주신 課題(   )가 많아서 너무 힘들다.

10) 過정(   )이 좋아야 결과도 좋다.

2. 다음 밑줄 친 말과 뜻이 통하는 漢字(한자)를 보기에서 골라 번호를 쓰세요.

보기 ① 過 ② 格 ③ 價 ④ 見 ⑤ 課
       ⑥ 告 ⑦ 決 ⑧ 客 ⑨ 結 ⑩ 敬

1) 이것의 가치는 돈으로 환산할 수 없다.(   )

2) 오늘 손님이 굉장히 많네.(   )

3) 어떻게든 빨리 결정이 났으면 좋겠다.(   )

4) 이번 주 일요일은 우리 삼촌 결혼식이 있다.(   )

5) 너는 이 문제에 대해서 어떤 견해를 가지고 있니?(   )

6) 당신의 말은 당신의 인격입니다.(   )

7) 공경이란 말만으로 하는 것이 아니다.(   )

8) 빨리 많은 사람들에게 알려 피해를 줄여야 한다.(   )

9) 중국어 고급 과정에 등록했다.(   )

10) 지나간 일에 대해선 아무리 후회해도 소용없다.(   )

1. 다음 漢字語(한자어)의 讀音(독음)을 쓰세요.

1) 定價 (　　　　　)　　　　11) 物價 (　　　　　)

2) 客席 (　　　　　)　　　　12) 客地 (　　　　　)

3) 格言 (　　　　　)　　　　13) 合格 (　　　　　)

4) 見學 (　　　　　)　　　　14) 意見 (　　　　　)

5) 決定 (　　　　　)　　　　15) 對決 (　　　　　)

6) 結成 (　　　　　)　　　　16) 結合 (　　　　　)

7) 敬禮 (　　　　　)　　　　17) 敬老 (　　　　　)

8) 告別 (　　　　　)　　　　18) 告發 (　　　　　)

9) 課外 (　　　　　)　　　　19) 日課 (　　　　　)

10) 過食 (　　　　　)　　　　20) 通過 (　　　　　)

2.다음 漢字(한자)의 訓(훈)과 音(음)을 쓰세요

1) 過 (　　　　　,　　　　　)

2) 格 (　　　　　,　　　　　)

3) 價 (　　　　　,　　　　　)

4) 見 (　　　　　,　　　　　)

5) 課 (　　　　,　　　　)

6) 告 (　　　　,　　　　)

7) 決 (　　　　,　　　　)

8) 客 (　　　　,　　　　)

9) 結 (　　　　,　　　　)

10) 敬 (　　　　,　　　　)

3. 다음 질문에 맞는 漢字(한자)를 보기에서 골라 번호를 쓰세요.

보기
① 價　② 客　③ 格　④ 見　⑤ 決
⑥ 結　⑦ 敬　⑧ 告　⑨ 課　⑩ 過

1) 主와 반대의 의미를 가진 한자는? (　　　)

2) 歌와 음은 같으나 뜻이 다른 한자는? (　　　)

3) 古와 음은 같으나 뜻이 다른 한자는? (　　　)

4) (　　　)物生心(물건을 실제로 보면 가지고 싶은 욕심이 생김)에 들어갈 한

자는?

예상 문제

5) (　　　)天愛人(하늘을 공경하고 사람을 사랑함)에 들어갈 한자는?

6) 速戰速(　　　)(오래끌지 않고 빨리 싸워 결정함)에 들어갈 한자는?

4. 다음 밑줄 친 단어를 漢字(한자)로 쓰세요.

1) 뜻있는 사람들이 봉사단체를 결성하였다.

2) '시간은 금이다' 라는 격언이 있다.

3) 그는 과도한 소비로 경제적 어려움을 겪게 되었다.

4) 수업시간에 집중하면 따로 과외공부를 할 필요성이 적어진다.

5) 시장에 가면 물가가 올랐음을 느낄 수 있다

5.다음 뜻에 맞는 한자를 보기에서 고르시오

보기　①　決算　　②　敬禮　　③　客地
　　　④　合格　　⑤　過食

1) 공경의 뜻을 나타내기위한 인사

2) 채용이나 시험에 붙음.

3) 계산을 마감함

4) 자기 집을 떠나 있는 곳

5) 지나치게 많이 먹음

6. 決(결단할 결)를 쓰는 순서에 맞게 각 획에
번호를 쓰세요.

結者解之 (결자해지)

맺은 사람이 풀어야 한다는 뜻으로, 처음에 일을 벌려 놓은 사람이
끝을 맺어야 한다는 뜻입니다.

이 놈,
게서 뭐하는 게냐?

또르륵

감박

무얼보냐?

결자해지라고…
네가 한 낙서니
네가 닦어.

고시원
○○○…

이 똥개,
네가 싼 건
네가 닦어.

?

방방

❖ 結:맺을 결, 者:놈 자, 解:풀 해, 之:갈 지

觀 볼 관

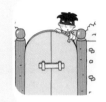
關 관계할 관

廣 넓을 광

具 갖출 구

舊 예 구

局 판 국

基 터 기

己 몸 기

念 생각 념

能 능할 능

월   일   확인:

한자의 유래
문(門)과 빗장의 모양을 본뜬 한자로 관문을 기점으로 국가 간의 관계가 이루어지므로 '관문' 의 뜻에서 '관계' 의 뜻으로 의미가 확장된 것입니다.

관계할 **관** (門부)

關 閂 閂 閂 閂 閂 閂 閣 閣 關 關 關 (총 19획)

필순에 따라 빈 칸에 한자를 쓰고 훈과 음을 쓰세요.

關					
관계할 관					
関					

· 關心(관심) : 마음이 끌려 주의를 기울임.
· 關門(관문) : 드나드는 중요한 길목.

월   일 확인:

한자의 유래

황새의 모양을 본뜬 글자로 발음을 결정한 관(雚)과 본다는 뜻을 가진 견(見)이 합쳐진 한자입니다.

볼 **관** (見부)

觀 觀 觀 觀 觀 觀 觀 觀 觀 觀 觀 觀 觀 觀 觀 觀 (총 25획)

필순에 따라 빈 칸에 한자를 쓰고 훈과 음을 쓰세요.

觀						
볼 관						
약자 觀						

교과서 한자

· 觀客(관객) : 구경꾼.
· 觀光(관광) : 다른 나라나 지방의 풍경, 문물
            등을 구경함.
· 유의어 : 見(볼 견)

觀 客 觀 光

27

한자의 유래

집을 뜻하는 엄(广)과 발음을 결정한 황(黃)이 합쳐진 한자입니다.

광 (广부)

廣廣廣廣廣廣廣廣廣廣廣廣廣廣廣 (총 15획)

필순에 따라 빈 칸에 한자를 쓰고 훈과 음을 쓰세요.

廣					
넓을 광					
広					

· 廣場(광장) : 많은 사람들이 모일 수 있도록 만든 넓은 빈터.
· 廣野(광야) : 텅 빈 넓은 들.

廣場 廣野

28

한자의 유래
음식을 담고 있는 그릇의 모양인 목(目)과
양손의 모습이 합쳐진 한자로 여러 음식물
이 있는 그릇을 두 손으로 안고 있는 모습
에서 유래했습니다.

구 (八부)

具 具 具 具 具 具 具 具 (총 8획)

필순에 따라 빈 칸에 한자를 쓰고 훈과 음을 쓰세요.

具					
갖출 구					

· 道具(도구) : 여러 가지 일에 쓰이는 연장.

· 家具(가구) : 가정 살림에 쓰이는 온갖 세간.

道 具 家 具

월   일   확인:

한자의 유래
부엉이가 둥지 위에 앉아 있는 모습을
본뜬 한자로 처음에는 부엉이라는 뜻이었
지만, 지금은 '옛날'이란 뜻으로 쓰이고
있습니다.

예 구 (臼부)

舊舊舊舊舊舊舊舊舊舊舊舊舊舊舊舊舊舊 (총 18획)

필순에 따라 빈 칸에 한자를 쓰고 훈과 음을 쓰세요.

舊					
예 구					
약자 旧					

교과서 한자

· 親舊(친구) : 서로 친하게 사귀는 사람.
· 舊式(구식) : 옛 격식.
· 상대, 반의어 : 新(새 신)

親 舊 舊 式

局

판 국 (尸부)

한자의 유래
팔의 모양을 본뜬 한자로 한 척의 단위를 나타내는 척(尺)과 발음을 결정한 구(句)가 합쳐져 자로 잘 구획된 방이나 판을 나타냅니다.

局局局局局局局 (총 7획)

필순에 따라 빈 칸에 한자를 쓰고 훈과 음을 쓰세요.

局					
판 국					

교과서 한자

· 局面(국면) : 일이 되어 가는 상태.
· 局地(국지) : 일정하게 한정된 지역.

局面 局地

한자의 유래

곡식을 까부리는 키의 모습을 본뜬 기(其)
와 흙덩이의 모습을 본뜬 토(土)가 합쳐져
'터', '바탕'이란 뜻이 되었습니다.

基 **기** (土부)

基 基 基 基 基 其 其 其 其 基 基 (총 11획)

필순에 따라 빈 칸에 한자를 쓰고 훈과 음을 쓰세요.

基					
터 기					

· 基本(기본) : 사물의 가장 중요한 밑바탕.
· 基金(기금) : 적립하거나 준비하여 두는 돈.

己

몸 기 (己부)   己 己 己 (총 3획)

한자의 유래
사람이 몸을 구부리고 무릎을 꿇어 앉은
모습을 본뜬 한자입니다.

필순에 따라 빈 칸에 한자를 쓰고 훈과 음을 쓰세요.

己					
몸 기					

· 自己(자기) : 그 사람 자신.
· 利己(이기) : 자기 자신의 이익만을 꾀함.
· 유의어 : 身(몸 신) 體(몸 체)
· 상대, 반의어 : 心(마음 심)

自 己 利 己

5급II 급수한자

念

생각 념 (心부)

한자의 유래
발음을 결정한 금(今)과 사람의 감정 상태를 나타내는 마음 심(心)이 합쳐진 한자입니다.

念念念念念念念念 (총 8획)

필순에 따라 빈 칸에 한자를 쓰고 훈과 음을 쓰세요.

念 생각 념					

교과서 한자

· 觀念(관념) : 어떤 일에 대한 생각이나 견해.
· 通念(통념) : 일반에 널리 통하는 개념.

觀念 通念

34

한자의 유래
곰의 모습을 본뜬 한자로 곰은 다양한 능력을 가지고 있다고 생각하여 '능하다' 라는 뜻이 되었습니다.

능할 **능** (月/肉부)   能能能能能能能能能能 (총 10획)

필순에 따라 빈 칸에 한자를 쓰고 훈과 음을 쓰세요.

能					
능할 능					

교과서 한자

· 能力(능력) : 어떤 일을 해낼 수 있는 힘.
· 不能(불능) : 능력이 없음.

能 力 不 能

35

1. 다음 漢字(한자)의 讀音(독음)을 (　)안에 쓰세요.

1) 제주도는 아름다운 觀光(　　　)명소이다.

2) 그는 이 사건에 깊게 關련(　　　)되어있었다.

3) 廣場(　　　)에는 많은 시민들이 모여있다.

4) 그는 필요한 道具(　　　)를 꼼꼼히 준비하고 있다.

5) 범창이는 태곤이의 가장 친한 親舊(　　　)이다.

6) 結局(　　　) 이렇게 되고 말았다.

7) 최고가 되기 위해선 우선 基(　　　)초가 튼튼해야 한다.

8) 내일부터 본격적인 극己(　　　)훈련이 시작된다.

9) 고정 觀念(　　　)에서 벗어나야 새로운 사실을 발견할 수 있다.

10) 그는 才能(　　　)이 출중한 사람이다.

2. 다음 밑줄 친 말과 뜻이 통하는 漢字(한자)를 보기에서 골라 번호를 쓰세요.

보기   ① 基 ② 廣 ③ 局 ④ 觀 ⑤ 具
        ⑥ 己 ⑦ 關 ⑧ 念 ⑨ 能 ⑩ 舊

1) 이 일은 나와는 아무 관계가 없는 일이다.(   )

2) 어떻게 너희 집에는 가구가 하나도 없니?((   )

3) 이 곳은 시내 전체를 관망하기에 좋은 장소이다.(   )

4) 넓은 의미에선 사람도 동물이다.(   )

5) 오랜 세월 이곳에는 많은 사람들이 살아 왔다.(   )

6) 스스로 정한 곳에 국한해서 결정하지 마라.(   )

7) 모든 일엔 바탕이 튼튼해야 한다.(   )

8) 자기 자신을 믿지 못하면 성공할 수 없다.(   )

9) 초능력 중에는 염력 만으로 물건을 움직이는 능력이 있다.(   )

10) 자신의 능력이 어디까지인지 시험해 봐!(   )

1. 다음 漢字語(한자어)의 讀音(독음)을 쓰세요.

1) 觀客 (　　　　)　　　　11) 觀念 (　　　　　　　)

2) 關門 (　　　　)　　　　12) 關心 (　　　　　　　)

3) 廣大 (　　　　)　　　　13) 廣告 (　　　　　　　)

4) 工具 (　　　　)　　　　14) 家具 (　　　　　　　)

5) 舊正 (　　　　)　　　　15) 舊式 (　　　　　　　)

6) 局面 (　　　　)　　　　16) 藥局 (　　　　　　　)

7) 基本 (　　　　)　　　　17) 基地 (　　　　　　　)

8) 自己 (　　　　)　　　　18) 利己 (　　　　　　　)

9) 信念 (　　　　)　　　　19) 通念 (　　　　　　　)

10) 能力 (　　　　)　　　　20) 能手 (　　　　　　　)

2. 다음 漢字(한자)의 訓(훈)과 音(음)을 쓰세요

1) 基 (　　　　,　　　　)

2) 廣 (　　　　,　　　　)

3) 局 (　　　　,　　　　)

4) 觀 (　　　　,　　　　)

5) 具 (　　　　,　　　　)

6) 己 (,   )

7) 關 (,   )

8) 念 (,   )

9) 能 (,   )

10) 舊 (,   )

3. 다음 질문에 맞는 漢字(한자)를 보기에서 골라 번호를 쓰세요.

보기
① 觀 ② 關 ③ 廣 ④ 具 ⑤ 舊
⑥ 局 ⑦ 基 ⑧ 己 ⑨ 念 ⑩ 能

1) 體와 같은 의미의 한자는? (   )

2) 見과 비슷한 의미의 한자는? (   )

3) 新과 반대의 의미를 가진 한자는? (   )

4) 國과 음은 같은데 뜻이 다른 한자는? (   )

5) 光과 음은 같은데 뜻이 다른 한자는? (   )

6) 八字所(   ) (팔자에 의해 겪는 운명)에 들어갈 한자는?

7) (   )小(   )大(큰 일이나 작은 일이나 능하게 처리함)에 들어갈

한자는?

4. 다음 밑줄 친 단어를 漢字(한자)로 쓰세요.

1) 이기적인 사람들은 자기위주로만 생각을 한다. (　　　)

2) 축제가 시작되자 광장에 많은 인파가 몰렸다. (　　　)

3) 어렵지만 가능한 객관적으로 판단하려 하였다. (　　　)

4) 예상한 대로 결국 이렇게 되었구나. (　　　)

5) 자기의 재능에 맞는 선택이 중요하다. (　　　)

5. 다음 뜻에 맞는 한자를 보기에서 고르시오.

보기	① 具色	② 基本	③ 工具
	④ 信念	⑤ 關心	

1) 여러가지 물건을 잘 갖춤 (　　　)

2) 사물이나 이론의 기초와 근본 (   )

3) 변하지 않고 굳게 믿는 생각 (   )

4) 물건을 만들거나 고치는데 쓰이는 도구 (   )

5) 어떤 것에 마음이 끌려 주의를 기울임 (   )

6. 具(갖출 구)을 쓰는 순서에 맞게 각 획에
   번호를 쓰세요.

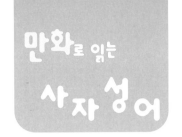
過猶不及 (과유불급)

모든 사물이 그 정도를 지나침은 도리어 미치지 못한 것과 같다는 말입니다.

❖ 過:지날/허물 과, 猶:같을 유, 不:아닐 불, 及:미칠 급

5급 II 과정

團
둥글 단

當
마땅 당

德
큰 덕

到
이를 도

獨
홀로 독

朗
밝을 랑

良
어질 량

旅
나그네 려

歷
지날 력(역)

練
익힐 련(연)

한자의 유래
둥글게 감싸고 있는 모습이 네모로 표현된
위(口)와 손으로 물레를 돌리고 있는 모습
을 본뜬 전(專)이 합쳐진 한자입니다.

단 (口부)

團團團團團團團團團團團團團團 (총 14획)

필순에 따라 빈 칸에 한자를 쓰고 훈과 음을 쓰세요.

團				
둥글 단				
団				

· 團結(단결) : 많은 사람이 뭉쳐 행동하는 일.
· 集團(집단) : 여럿이 모여 이룬 모임.

마땅 **당** (田부)

한자의 유래
발음을 결정한 상(尙)과 밭의 모양을 본떠
밭을 바로 마주하고 있다는 뜻이 된 전(田)
이 합쳐진 한자입니다.

當當當當當當當當當當當當當 (총 13획)

필순에 따라 빈 칸에 한자를 쓰고 훈과 음을 쓰세요.

當				
마땅 당				
当				

· 當然(당연) : 마땅히 그러함.
· 當身(당신) : 듣는 이를 가르키는 말 또는 부부
간에 상대편을 일컫는 말.

45

한자의 유래

사거리의 모양을 본뜬 행(行)과 눈의 모습을 본뜬 목(目)과 마음 심(心)이 합쳐진 것으로 마음을 곧은 길처럼 바르게 한다는 뜻을 가진 한자입니다.

큰 덕 (彳부)

德德德德德德德德德德德德德德德 (총 15획)

필순에 따라 빈 칸에 한자를 쓰고 훈과 음을 쓰세요.

德					
큰 덕					

· 美德(미덕) : 아름다운 덕행.

· 道德(도덕) : 사람으로서 마땅히 지켜야 할 도리.

이를 도 (刂/刀부)

한자의 유래
화살이 땅에 떨어지고 있는 모습을 본뜬 지(至)와 사람이 서 있는 모습을 본뜬 '刂'(도)가 합쳐진 한자로 화살이 땅에 이르다는 뜻입니다.

到 到 到 到 到 到 到 到 (총 8획)

필순에 따라 빈 칸에 한자를 쓰고 훈과 음을 쓰세요.

到					
이를 도					

· 當到(당도) : 어떤 곳에 다다름.
· 到來(도래) : 어떤 시기나 기회가 닥쳐옴.

월 일 확인:

한자의 유래
'한 마리 개' 라는 뜻을 결정한 견(犭/犬)
과 발음을 결정한 촉(蜀)이 합쳐진 한자
입니다.

홀로 **독** (犭/犬부)

獨 獨 獨 獨 獨 獨 獨 獨 獨 獨 獨 獨 獨 獨 獨 獨 (총 16획)

필순에 따라 빈 칸에 한자를 쓰고 훈과 음을 쓰세요.

獨					
홀로 독					
약자 独					

교과서 한자

· 獨子(독자) : 외아들.
· 獨立(독립) : 따로 갈라져 나와 홀로 섬.
· 상대, 반의어 : 等(무리 등) 類(무리 류)

獨子 獨立

한자의 유래
발음을 결정한 량(良)과 달빛이 '밝다'는
뜻을 결정한 월(月)이 합쳐진 한자입니다.

밝을 **랑** (月부)

朗 朗 朗 朗 朗 朗 朗 朗 朗 朗 朗 (총 11획)

필순에 따라 빈 칸에 한자를 쓰고 훈과 음을 쓰세요.

朗						
밝을 랑						

교과서 한자

· 明朗(명랑) : 유쾌하고 활발함.
· 朗讀(낭독) : 소리 내어 읽음.
· 유의어 : 明(밝을 명)

明 朗 朗 讀

어질 **량** (艮부)

한자의 유래
가운데 日(일)을 기준으로 아래위로 길게
늘어진 회랑의 모습을 본뜬 한자로 훌륭하게
꾸며진 집이란 뜻에서 '어질다', '좋다',
'훌륭하다' 의 의미가 되었습니다.

良 良 良 良 良 良 良 (총 7획)

필순에 따라 빈 칸에 한자를 쓰고 훈과 음을 쓰세요.

良					
어질 량					

교과서
한자

· 不良(불량) : 행실이나 성품 또는 성적 등이
　　　　　　 나쁨, 물건의 상태가 나쁨.
· 良書(양서) : 좋은 책.

不 良 良 書

한자의 유래

깃발 모양을 본뜬 '方'와 세 개의 人(사람 인)이 모여서 된 氏(씨)가 합쳐진 한자로 깃발을 들고 가는 '군대' 또는 '나그네'의 뜻을 가지게 되었습니다.

나그네 **려** (方부)   旅 旅 旅 旅 旅 旅 旅 旅 旅 旅 (총 10획)

필순에 따라 빈 칸에 한자를 쓰고 훈과 음을 쓰세요.

旅	旅	旅	旅	旅	旅
나그네 려					

· 旅行(여행) : 다른 고장이나 외국에 가는 일.

· 旅客(여객) : 여행을 하고 있는 사람.

· 유의어 : 客(손 객)

旅 行 旅 客

51

한자의 유래

갑골문에서는 두 개의 나무를 본뜬 림(林)과 사람의 발을 본뜬 지(止)가 합쳐져 숲 사이를 지나가다는 뜻의 한자였는데 지금은 그 두 자 위에 엄(厂)이 합쳐졌습니다.

歷

지날 **력/역** (止부)

歷歷歷歷歷歷歷歷歷歷歷歷歷歷歷歷 (총 16획)

필순에 따라 빈 칸에 한자를 쓰고 훈과 음을 쓰세요.

歷				
지날 력(역)				

· 來歷(내력) : 지금까지 지내온 경로나 경력.
· 歷代(역대) : 이어 내려온 모든 대.
· 유의어 : 過(지날 과)

교과서 한자

來 歷 歷 代

52

월   일 확인:

한자의 유래
실 뭉치의 모양을 본떠 베를 짜는 솜씨를
익힌다는 뜻의 실 사(糸)와 발음을 결정한
간(柬)이 합쳐진 한자입니다.

익힐 련/연 (糸부)

練 練 練 練 練 練 練 練 練 練 練 練 練 練 練 (총 15획)

필순에 따라 빈 칸에 한자를 쓰고 훈과 음을 쓰세요.

練					
익힐 련(연)					

· 練習(연습) : 학문·기예 등을 익숙하도록 되풀이하여 익힘.
· 訓練(훈련) : 일정 기준에 도달하도록 익힘.
· 유의어 : 習(익힐 습)

1. 다음 漢字(한자)의 讀音(독음)을 ( )안에 쓰세요.

1) 그 사람은 團體(   ) 활동에 아주 열심이다.

2) 그런 못 된 행동에 화를 내는 것은 當然(   )하다.

3) 사회에 道德(   )이 무너지면 모든 것이 무너진다.

4) 약속시간에 늦지 않게 到(   )착하였다.

5) 어른이 되면 부모로부터 獨立(   )하여야 한다.

6) 그 구절을 朗讀(   )해 보거라!

7) 행동하는 良心(   )이 진짜 양심이다.

8) 해외여행을 갈 때는 旅(   )권이 있어야 한다.

9) 學歷(   )과 실력이 반드시 비례하는 것은 아니다.

10) 요즘 나오는 상품들은 성능이 우수할 뿐 아니라 디자인도 세

　　練(   )되었다.

2. 다음 밑줄 친 말과 뜻이 통하는 漢字(한자)를 보기에서 골라 번호를 쓰세요.

보기
① 當 ② 朗 ③ 獨 ④ 團 ⑤ 歷
⑥ 旅 ⑦ 德 ⑧ 練 ⑨ 到 ⑩ 良

1) 개인의 자유와 단체의 질서는 균형을 이루어야 조화롭다. (　　)

2) 도착지가 바로 여기다. (　　)

3) 그녀는 큰 덕을 쌓아 존경을 받았다. (　　)

4) 이 일은 사람으로 마땅히 해야 할 일이다. (　　)

5) 요즈음은 양식있는 행동을 하는 사람이 많지 않다. (　　)

6) 연습은 가장 빠른 성공의 지름길이다. (　　)

7) 밝음은 어둠이 있기 때문에 소중한 것이다. (　　)

8) 여행은 참 많은 것을 배우게 한다. (　　)

9) 나는 혼자인 것을 즐긴다. (　　)

10) 그 학교에는 경력이 많은 선생님들이 많다. (　　)

1. 다음 漢字語(한자어)의 讀音(독음)을 쓰세요.

1) 團結 (　　　　　)　　　　11) 團合 (　　　　　)

2) 當時 (　　　　　)　　　　12) 當面 (　　　　　)

3) 美德 (　　　　　)　　　　13) 德行 (　　　　　)

4) 到來 (　　　　　)　　　　14) 當到 (　　　　　)

5) 獨特 (　　　　　)　　　　15) 獨學 (　　　　　)

6) 明朗 (　　　　　)　　　　16) 朗朗 (　　　　　)

7) 良書 (　　　　　)　　　　17) 不良 (　　　　　)

8) 旅行 (　　　　　)　　　　18) 旅客 (　　　　　)

9) 來歷 (　　　　　)　　　　19) 歷代 (　　　　　)

10) 訓練 (　　　　　)　　　　20) 練習 (　　　　　)

2. 다음 漢字(한자)의 訓(훈)과 音(음)을 쓰세요

1) 當 (　　　　,　　　　)

2) 朗 (　　　　,　　　　)

3) 獨 (　　　　,　　　　)

4) 團 (　　　　,　　　　)

5) 歷 (　　　　,　　　　)

6) 旅 (,   )

7) 德 (,   )

8) 練 (,   )

9) 到 (,   )

10) 良 (,   )

3. 다음 질문에 맞는 漢字(한자)를 보기에서 골라 번호를 쓰세요.

보기 ① 團 ② 當 ③ 德 ④ 到 ⑤ 獨
⑥ 朗 ⑦ 良 ⑧ 旅 ⑨ 歷 ⑩ 練

1) 等과 반대의 의미를 가진 한자는? (   )

2) 明과 비슷한 의미의 한자는? (   )

3) 쭵과 비슷한 의미의 한자는? (   )

4) 堂과 음은 같은데 뜻이 다른 한자는? (   )

5) 大同(   )結(큰 목적을 위해 하나로 뭉침)에 들어갈 한자는?

4. 다음 밑줄 친 단어를 漢字(한자)로 쓰세요.

1) 박물관에는 <u>역대</u> 대통령들의 동상이 진열되어있었다.

2) 무인판매대의 성공여부는 소비자의 <u>양심</u>에 달려있다.

3) 새로운 시대가 <u>도래</u>하였다.

4) <u>덕행</u>을 쌓아 칭송이 자자하였다.

5) <u>당면</u>한 문제를 먼저 해결하여야 한다.

5. 다음 뜻에 맞는 漢字(한자)를 보기에서 고르시오.

보기
① 集團　　② 獨學　　③ 到來
④ 當時　　⑤ 良書

1) 여럿이 모여 이룬 모임 (　　　　　　　)

2) 어떤 시기나 기회가 닥쳐옴 (　　　　　　　)

3) 스승없이 또는 학교에 다니지 않고 공부함 (　　　　　　　)

4) 좋은 책 (   )

5) 일이 벌어진 바로 그 때 (   )

6. 當(마땅 당)를 쓰는 순서에 맞게 각 획에 번호를 쓰세요.

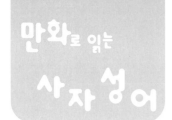

感之德之 (감지덕지)

매우 고맙게 생각하는 것을 말합니다.

보람아, 너 새로 나온 만화 비디오 보고 싶댔지?

우와~, 오늘 웬일이야?

그래도 명색이 내가 오빤데 그 정도쯤이야. 뭐 보고 싶니?

아무거면 어때, 빌려만 주면 감지덕지지.

하늘아, 정말 감격해서 눈물이 다 난다.

하하, 고마우면 이따가 내 숙제 좀 도와줘.

으이그~ 됐네, 이 사람아.

❖ 感:느낄 감, 之:갈 지, 德:큰 덕, 之:갈 지

 勞
일할 로

 流
흐를 류

 類
무리 류

 陸
뭍 륙(육)

 望
바랄 망

 法
법 법

 變
변할 변

 兵
병사 병

 福
복 복

 奉
받들 봉

일할 **로** (力부)

한자의 유래
불을 밝힌 모양인 형(熒)과 농기구의 모양
을 본떠 힘쓴다는 뜻을 결정한 력(力)이
합쳐져 '불을 밝히고 힘써 일하다.' 는 뜻
의 한자가 되었습니다.

勞 勞 勞 勞 勞 勞 勞 勞 勞 勞 勞 勞 (총 12획)

필순에 따라 빈 칸에 한자를 쓰고 훈과 음을 쓰세요.

勞					
일할 로					
약자 勞					

· 勞動(노동) : 움직여 일을 함.
· 勞苦(노고) : 애쓰고 노력한 수고로움.

勞 動 勞 苦

한자의 유래
흐르는 물의 모습을 본뜬 수(氵/水)와
어린 아이[子]가 거꾸로 시냇물[川]에 떠
내려 가는 모습을 본뜬 한자입니다.

流 흐를 **류** (氵/水부)

流流流流流流流流流流 (총 10획)

필순에 따라 빈 칸에 한자를 쓰고 훈과 음을 쓰세요.

流 흐를 류					

교과서 한자

· 流行(유행) : 새로운 경향으로서 한동안 사회
　　　　　　에 널리 퍼짐.
· 流水(유수) : 흐르는 물.

流行 流水

월   일   확인:

무리 **류** (頁부)

한자의 유래

'무리를 지어 다니는 개'라는 뜻에서 유래하여 '무리'라는 의미의 한자가 되었습니다.

類 類 類 類 類 類 類 類 類 類 類 類 類 類 (총 19획)

필순에 따라 빈 칸에 한자를 쓰고 훈과 음을 쓰세요.

類					
무 리 류					

교과서 한자

· 部類(부류) : 어떤 공통적인 성격에 따라 나눈 갈래.
· 人類(인류) : 세계의 모든 사람.
· 상대, 반의어 : 獨(홀로 독)

월 일 확인:

한자의 유래

언덕 모양을 본뜬 부(阝/阜)와 초(艸), 육
(六), 토(土)가 합쳐진 한자로 육(六)은 발음
을, 언덕과 흙과 풀의 모양을 본뜬 초(艸)는
뭍이라는 뜻을 결정했습니다.

륙/육 (阝/阜부)

陸陸陸陸陸陸陸陸陸陸陸 (총 11획)

필순에 따라 빈 칸에 한자를 쓰고 훈과 음을 쓰세요.

陸					
뭍 륙(육)					

· 陸地(육지) : 땅.
· 陸軍(육군) : 육상에서의 전투를 맡은 군대.
· 유의어 : 地(따 지)

65

월   일 확인:

望

바랄 망 (月부)

한자의 유래
발음을 결정한 망(亡), 달을 본뜬 월(月), 사람이 서 있는 모습을 본뜬 임(壬)이 합쳐진 한자로 땅 위에 서 있는 사람이 달을 '쳐다보다', '바라다' 의 뜻이 되었습니다.

望望望望望望望望望望望 (총 11획)

필순에 따라 빈 칸에 한자를 쓰고 훈과 음을 쓰세요.

望					
바랄 망					

교과서 한자

· 失望(실망) : 희망을 잃음.
· 所望(소망) : 바라는 바. 소원.

失 望 所 望

66

法

한자의 유래

물 수(氵/水)와 사슴 록(鹿), 갈 거(去)가 합쳐진 한자로, 나쁜 사람은 뿔로 받아 물에 빠뜨린다는 상상의 동물인 해태를 나타내는 록(鹿)이 생략되어 쓰인 것입니다.

징역 2년!!

법 법 (氵/水부)   法法法法法法法法 (총 8획)

필순에 따라 빈 칸에 한자를 쓰고 훈과 음을 쓰세요.

法					
법 법					

교과서 한자

· 無法(무법) : 법이 확립되지 않아 질서가 문란함.
· 話法(화법) : 말하는 방법
· 유의어 : 式(법 식)

無 法 話 法

變
변 (言부)

한자의 유래

사람의 손에 어떤 물건을 쥐고 있는 모습을 본뜬 한자로 손으로 물건을 변화시킨 다는 뜻에서 지금의 의미가 되었습니다.

戀 變 變 (총23획)

필순에 따라 빈 칸에 한자를 쓰고 훈과 음을 쓰세요.

變				
변할 변				
変				

교과서 한자

· 變動(변동) : 변하여 달라짐.
· 變色(변색) : 빛깔이 달라짐.

變 動 變 色

68

월   일 확인:

한자의 유래

도끼의 모양을 본뜬 근(斤)과 두 손의 모습을 본뜬 '六'가 합쳐진 한자로 두 손으로 무기를 들고 있는 사람인 '병사'라는 뜻입니다.

병사 병 (八부)

兵兵兵兵兵兵兵 (총 7획)

필순에 따라 빈 칸에 한자를 쓰고 훈과 음을 쓰세요.

兵					
병사 병					

· 兵法(병법) : 군사 작전의 방법.
· 兵士(병사) : 군대에서 장교의 지휘를 받는 군인.
· 유의어 : 卒(마칠 졸)

兵法 兵士

월   일   확인:

福

복 **복** (示부)

한자의 유래
신탁의 모양을 본뜬 시(示)와 신탁 위에
올려 놓는 술병의 모습을 본뜬 한자로
신에게 제물을 올리고 복을 빈다는 뜻에
서 유래되었습니다.

福福福福福福福福福福福福福福 (총 14획)

필순에 따라 빈 칸에 한자를 쓰고 훈과 음을 쓰세요.

福					
복 복					

교과서 한자

· 福音(복음) : 반가운 소식.
· 福利(복리) : 행복과 이익.

福音 福利

월   일 확인:

한자의 유래
어떤 물건의 받들고 있는 두 손의 모습을
표현한 한자입니다.

받들 봉 (大부)

奉 奉 奉 奉 奉 奉 奉 奉 (총 8획)

필순에 따라 빈 칸에 한자를 쓰고 훈과 음을 쓰세요.

奉					
받들 봉					

교과서 한자

· 信奉(신봉) : 옳다고 믿고 받듦.

· 유의어 : 仕(섬길 사)

信 奉

1. 다음 漢字(한자)의 讀音(독음)을 (   )안에 쓰세요.

1) 그의 功勞(   )는 영원히 기억 될 것이다.

2) 중국과의 交流(   )가 점점 확대되고 있다.

3) 아버지가 중요한 書類(   )를 놓고 출근하셨다.

4) 콜럼버스는 정말로 최초로 新大陸(   )을 발견한 사람인가?

5) 노력하면 所望(   )하는 바를 이룰 수 있다.

6) 모든 方法(   )을 다 동원하라!

7) 變(   )화를 두려워하지 마라!

8) 손자는 춘추시대 중국의 유명한 兵法家(   )이다.

9) 그 사람에게 다른 건 몰라도 食福(   )이 있는 것은 확실하다.

10) 그녀는 늙은 부모님을 奉(   )양하였다.

2. 다음 밑줄 친 말과 뜻이 통하는 漢字(한자)를 보기에서 골라 번호를
쓰세요.

> 보기
> ① 兵 ② 陸 ③ 奉 ④ 法 ⑤ 變
> ⑥ 勞 ⑦ 流 ⑧ 望 ⑨ 類 ⑩ 福

1) 물의 흐름대로 흘러가면 된다.(   )

2) 같은 것 끼리 어울리는 것을 유유상종이라고 한다.(   )

3) 바다가 육지라면(   )

4) 수고로움을 너무 겁내지 마라.(   )

5) 요행을 바라지마라!(   )

6) 어른을 잘 받드는 행위를 효라고 한다.(   )

7) 누구나 법을 지켜야 한다.(   )

8) 병사들은 항상 훈련에 열중하고 있다.(   )

9) 사람은 늘 변한다.(   )

10) 새해 복 많이 받으세요.(   )

1. 다음 漢字語(한자어)의 讀音(독음)을 쓰세요.

1) 勞動 (　　　　　)　　　　11) 勞使 (　　　　　)

2) 流行 (　　　　　)　　　　12) 流通 (　　　　　)

3) 人類 (　　　　　)　　　　13) 分類 (　　　　　)

4) 陸地 (　　　　　)　　　　14) 陸路 (　　　　　)

5) 失望 (　　　　　)　　　　15) 野望 (　　　　　)

6) 文法 (　　　　　)　　　　16) 不法 (　　　　　)

7) 變動 (　　　　　)　　　　17) 變德 (　　　　　)

8) 兵力 (　　　　　)　　　　18) 用兵 (　　　　　)

9) 福利 (　　　　　)　　　　19) 福音 (　　　　　)

10) 信奉 (　　　　　)　　　　20) 幸福 (　　　　　)

2. 다음 漢字(한자)의 訓(훈)과 音(음)을 쓰세요.

1) 兵 (　　　　,　　　　)

2) 陸 (　　　　,　　　　)

3) 奉 (　　　　,　　　　)

4) 法 (　　　　,　　　　)

5) 變 (　　　　,　　　　)

6) 勞 (,   )

7) 流 (,   )

8) 望 (,   )

9) 類 (,   )

10) 福 (,   )

3. 다음 질문에 맞는 漢字(한자)를 보기에서 골라 번호를 쓰세요.

보기   ① 勞   ② 流   ③ 類   ④ 陸   ⑤ 望
       ⑥ 法   ⑦ 變   ⑧ 兵   ⑨ 福   ⑩ 奉

1) 獨과 반대의 의미를 가진 한자는? (   )

2) 地와 비슷한 의미를 가진 한자는? (   )

3) 式과 비슷한 의미를 가진 한자는? (   )

4) 病과 音은 같은데 뜻이 다른 한자는? (   )

5) 服과 흠은 같은데 뜻이 다른 한자는? (　　　　)

6) 萬古不(　　　　)(오랜 시간이 지나도 변하지 않음)에 들어갈 한자는?

7) 高山(　　　　)水(높은 산과 흐르는 물 또는 자신을 알아주는 친구)에 들

어갈 한자는?

4. 다음 밑줄 친 단어를 漢字(한자)로 쓰세요.

1) 행복해서 웃는 것이 아니라 웃어서 행복한 것이다. (　　　　　　　)

2) 젊은시절 그는 야망이 큰 청년이었다. (　　　　　　)

3) 이 사건이 중요한 변수로 작용할 것이다. (　　　　　　)

4) 상품의 유통과정에서 문제가 발생하였다. (　　　　　　)

5) 그분은 오랜 노동으로 허리가 굽었다. (　　　　　　)

5. 다음 뜻에 맞는 한자를 보기에서 고르세요.

> 보기
>
> ① 分類　　② 勞苦　　③ 野望
>
> ④ 陸地　　⑤ 信奉

1) 애쓰고 노력한 수고로움 (　　　　　　)

2) 무엇을 크게 이루려는 희망 (　　　　　　)

3) 옳다고 믿고 받듦 (　　　　　　)

4) 종류에 따라서 나눔 (　　　　　　)

5) 땅 (　　　　　　)

6. 勞(일할 로)을 쓰는 순서에 맞게 각 획에 번호를 쓰세요.

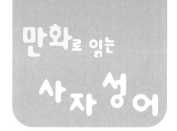

兵家常事 (병가상사)

이기고 지는 일은 전쟁에서 흔히 있는 일이라는 뜻으로 한 번의 실패에 절망하지 말라는 의미로 쓰는 말입니다.

어어~ 얘들아, 비켜!

으~
힘들게 떠 온 건데.

하늘아, 안 다쳤니?

응, 괜찮아.

한 번 실수는 병가상사래. 물은 또 떠 오면 되잖아.

어?!

위로해 주는 게 아니었어.

❖ 兵:병사 병, 家:집 가, 常:떳떳할 상, 事:일 사

5급 Ⅱ과정

仕
섬길 사

史
사기 사

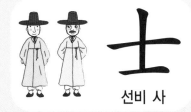
士
선비 사

産
낳을 산

商
장사 상

相
서로 상

仙
신선 선

鮮
고울 선

說
말씀 설/달랠 세/기쁠 열

性
성품 성

한자의 유래
사람 인(人)과 선비 사(士)가 합쳐진 한자로
사람이 벼슬을 하여 임금이나 윗사람을
'섬기다' 는 뜻이 결정되었습니다.

사 (亻/人부)

仕 仕 仕 仕 仕 (총 5획)

필순에 따라 빈 칸에 한자를 쓰고 훈과 음을 쓰세요.

仕					
섬길 사					

· 奉仕(봉사) : 남을 위해 몸과 마음을 다하여 일함.
· 出仕(출사) : 벼슬하여 관아에 나감.
· 유의어 : 奉(받들 봉)

奉仕 出仕

한자의 유래
붓을 쥐고 있는 손의 모습을 본뜬 한자로
역사를 기록하고 있는 모습에서 유래되었
습니다.

사기 **사** (口부)　　　　史 史 史 史 史 (총 5획)

필순에 따라 빈 칸에 한자를 쓰고 훈과 음을 쓰세요.

史					
사기 사					

· 國史(국사) : 나라의 역사.
· 歷史(역사) : 인류사회의 변천과정 또는 그
　　　　　　 기록.

國 史 歷 史

선비 **사** (士부)

한자의 유래
도끼 모양을 본떠 만든 한자로 사람의 생
사여탈권(生死與奪權)을 결정하는 높은
사람이란 뜻입니다.

士 士 士 (총 3획)

필순에 따라 빈 칸에 한자를 쓰고 훈과 음을 쓰세요.

士					
선비 사					

교과서 한자

· 名士(명사) : 명성이 널리 알려진 사람, 이름
난 선비.
· 士林(사림) : 유도(儒道)를 닦는 학자들.

名 士 士 林

한자의 유래
발음을 결정한 언(彦)과 새싹이 돋아나는
모습을 본뜬 생(生)이 합쳐진 한자입니다.

産 낳을 산 (生부)

産 産 産 産 産 産 産 産 産 産 産 (총 11획)

필순에 따라 빈 칸에 한자를 쓰고 훈과 음을 쓰세요.

産					
낳을 산					

· 産母(산모) : 해산한 지 며칠 되지 않은 여자.
· 産後(산후) : 아이를 낳은 직후.

産 母 産 後

상 (口부)

한자의 유래

높은 누각의 모양을 본뜬 한자로 처음에는
'상나라'로 쓰였으나 상나라가 망하자 그곳
사람들이 떠돌며 장사를 하면서 지금의 '장
사'라는 뜻의 한자가 되었습니다.

商 商 商 商 商 商 商 商 商 商 商 (총 11획)

필순에 따라 빈 칸에 한자를 쓰고 훈과 음을 쓰세요.

商					
장사 상					

교과서
한자

· 商業(상업) : 상품을 사고 팔아 이익을 얻는 일.
· 商人(상인) : 장사를 업으로 하는 사람.

商業 商人

월   일 확인:

한자의 유래
나무 목(木)과 눈 목(目)이 합쳐진 한자로
눈으로 나무의 상태를 살펴본다는 뜻에서
'재상', '돕다', '서로' 등의 뜻이 결정되
었습니다.

서로 **상** (目부)

相 相 相 相 相 相 相 相 相 (총 9획)

필순에 따라 빈 칸에 한자를 쓰고 훈과 음을 쓰세요.

相					
서로 상					

교과서한자

· 相對(상대) : 서로 마주 대함.
· 相關(상관) : 서로 관련을 가짐 또는 그 관계.

월   일 확인:

한자의 유래
산(山)에 있는 사람(人)이란 뜻에서 유래
된 한자입니다.

신선 **선** (亻/人부)   仙 仙 仙 仙 仙 (총 5획)

필순에 따라 빈 칸에 한자를 쓰고 훈과 음을 쓰세요.

仙					
신선 선					

· 神仙(신선) : 도를 닦아 신통력을 얻은 사람.
· 仙女(선녀) : 선경(仙境)에 산다는 여자 신선.

86

한자의 유래

고기 어(魚)와 양 양(羊)이 합쳐진 한자로 물고기나 양은 고기가 '신선하고 맛있다'는 뜻에서 유래되었습니다.

고울 **선** (魚부)

鮮 鮮 鮮 鮮 鮮 鮮 鮮 鮮 鮮 鮮 鮮 鮮 鮮 鮮 鮮 鮮 鮮 (총 17획)

필순에 따라 빈 칸에 한자를 쓰고 훈과 음을 쓰세요.

鮮						
고울 선						

교과서 한자

· 生鮮(생선) : 잡은 그대로의 신선한 물고기.
· 新鮮(신선) : 새롭고, 산뜻하다.
· 유의어 : 美(아름다울 미)

生 鮮 新 鮮

한자의 유래
뜻을 결정한 말씀 언(言)과 환히 웃어
입가에 주름을 가진 사람을 뜻하는
태(兌)가 합쳐진 한자입니다.

말씀 **설**/달랠 **세**/기쁠 **열**(言부)   說說說說說說說說說說說說說說 (총 14획)

필순에 따라 빈 칸에 한자를 쓰고 훈과 음을 쓰세요.

說 말씀 설/달랠 세/기쁠 열					

- 說明(설명) : 알기 쉽게 풀어서 밝혀 말함.
- 說話(설화) : 전승되어 오는 신화, 전설 등을 이르는 말.
- 유의어 : 言(말씀 언) 話(말씀 화)

한자의 유래
뜻을 결정한 마음 심(忄/心)과 발음을
결정한 생(生)이 합쳐진 한자입니다.

성품 **성** (忄/心부)   性 性 性 性 性 性 性 性 (총 8획)

필순에 따라 빈 칸에 한자를 쓰고 훈과 음을 쓰세요.

性					
성품 성					

· 性格(성격) : 각 개인이 가지고 있는 독특한
　　　　　　　성품.
· 天性(천성) : 천성적으로 타고난 성질.

1. 다음 漢字(한자)의 讀音(독음)을 (　)안에 쓰세요.

1) 그는 젊은 시절 낮에는 작은 회사의 급仕(　　)로 일하고 밤에 공부

　를 하였다.

2) 한자를 많이 알면 國史(　　)공부에 도움이 된다.

3) 고려 말 신진 士大夫(　　)들은 개혁적인 세력이었다.

4) 제주도는 관광 産業(　　)이 발달하였다.

5) 백화점에는 많은 商(　　)품들로 가득하였다.

6) 그 선수는 相對(　　)팀에게 두려운 존재였다.

7) 산모퉁이를 돌아나오자 仙(　　)경이 펼쳐졌다.

8) 화질이 鮮明(　　)한 TV가 싼 가격에 출시되었다.

9) 연단의 강사는 한문교육의 필요성을 力說(　　)하였다.

10) 아름다운 그녀는 性格(　　)도 털털하여 더욱 인기가 많았다.

2. 다음 밑줄 친 말과 뜻이 통하는 漢字(한자)를 보기에서 골라 번호를 쓰세요.

보기   ① 鮮 ② 史 ③ 相 ④ 産 ⑤ 仙
       ⑥ 士 ⑦ 商 ⑧ 仕 ⑨ 說 ⑩ 性

1) 역사는 미래를 알 수 있는 거울이다.(   )

2) 옛날 선비들의 역할이 참으로 중요했다.(   )

3) 봉사는 꼭 남을 위한 일만은 아니다.(   )

4) 신선한 과일이 훨씬 더 맛있다.(   )

5) 그 지역은 과일과 곡식 등 산물이 풍부하다.(   )

6) 착한 일은 서로 권해야 한다.(   )

7) 장사는 이윤을 내는 것이 목적이다.(   )

8) 산에 산다고 모두 신선인 것은 아니다.(   )

9) 이 문제를 알아듣게 잘 설명해 봐.(   )

10) 그 친구 성격은 참 좋다.(   )

1. 다음 漢字語(한자어)의 讀音(독음)을 쓰세요.

1) 奉仕 (　　　　　)　　　　11) 出仕 (　　　　　)

2) 歷史 (　　　　　)　　　　12) 史觀 (　　　　　)

3) 軍士 (　　　　　)　　　　13) 士兵 (　　　　　)

4) 生産 (　　　　　)　　　　14) 産物 (　　　　　)

5) 商人 (　　　　　)　　　　15) 通商 (　　　　　)

6) 相當 (　　　　　)　　　　16) 相關 (　　　　　)

7) 神仙 (　　　　　)　　　　17) 仙女 (　　　　　)

8) 朝鮮 (　　　　　)　　　　18) 新鮮 (　　　　　)

9) 說明 (　　　　　)　　　　19) 說話 (　　　　　)

10) 特性 (　　　　　)　　　　20) 天性 (　　　　　)

2. 다음 漢字(한자)의 訓(훈)과 音(음)을 쓰세요

1) 鮮 (　　　　, 　　　　)

2) 史 (　　　　, 　　　　)

3) 相 (　　　　, 　　　　)

4) 産 (　　　　, 　　　　)

5) 仙 (　　　　, 　　　　)

6) 士 (,   )

7) 商 (,   )

8) 仕 (,   )

9) 說 (,   )

10) 性 (,   )

3. 다음 질문에 맞는 漢字(한자)를 보기에서 골라 번호를 쓰세요.

보기
① 仕   ② 史   ③ 士   ④ 産   ⑤ 商
⑥ 相   ⑦ 仙   ⑧ 鮮   ⑨ 說   ⑩ 性

1) 美와 비슷한 의미를 가진 한자는? (   )

2) 奉과 비슷한 의미를 가진 한자는? (   )

3) 話와 비슷한 의미를 가진 한자는? (   )

4) 成과 음은 같은데 뜻이 다른 한자는? (   )

5) 算과 音은 같은데 뜻이 다른 한자는?

6) 士農工(　　　　　)(선비, 농부, 공장, 상인)에 들어갈 한자는?

4. 다음 밑줄 친 단어를 漢字(한자)로 쓰세요.

1) 이 연못에는 선녀들이 목욕을 하였다는 전설이 있다. (　　　　　)

2) 국사교육이 더욱 강조되고 있다. (　　　　)

3) 차근차근 잘 좀 설명해봐라! (　　　　)

4) 10년간 한 일에만 집중하더니 도사가 되었구나! (　　　　　)

5) 두 사람의 진술이 상반되고 있습니다. (　　　　)

5. 다음 뜻에 맞는 한자를 보기에서 고르시오

보기

① 天性　　② 産物　　③ 相當

④ 士氣　　⑤ 女史

1) 결혼한 여자를 높여 부르는 말 (　　　　)

2) 일을 할 때의 기세, 선비의 기개 (   )

3) 본래 타고난 성품 (   )

4) 일정한 곳에서 생산되어 나온 물건 (   )

5) 일정한 액수나 수치에 해당됨 (   )

6. 相(서로 상)을 쓰는 순서에 맞게 각 획에
번호를 쓰세요.

同病相憐 (동병상련)

같은 병의 환자끼리 서로 가엾게 여긴다는 뜻으로 어려운 사람끼리
서로 동정하고 도움을 의미합니다.

아~, 기다리는 것도
지루하고 힘들다.

뽀미 너도 집이
잠겨 있어서
못 들어가나 보구나.

옆집 강아지

끄응~

저런…
배가 고픈가 보네?

할짝~

어엇…
나도…?!

꼬르륵

뽀미야~
우린 같은 처지, 말 그대로
동병상련이구나.

야옹

❖ 同:한가지 동, 病:병 병, 相:서로 상, 憐:가엾이 여길 련

歲 해 세

洗 씻을 세

束 묶을 속

首 머리 수

宿 잘 숙/별자리 수

順 순할 순

識 알 식/기록할 지

實 열매 실

臣 신하 신

兒 아이 아

한자의 유래
처음에는 날이 큰 도끼 모양이었다가
지금의 모습으로 변한 한자입니다.
도끼는 일 년에 한 번 곡식을 베는 도구
였습니다.

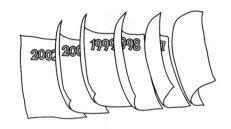

해 **세** (止부)

歲 歲 歲 歲 歲 歲 歲 歲 歲 歲 歲 歲 歲 (총 13획)

필순에 따라 빈 칸에 한자를 쓰고 훈과 음을 쓰세요.

歲					
해 세					

교과서 한자

· 歲月(세월) : 흘러가는 시간.
· 年歲(연세) : 나이의 높임말.
· 유의어 : 年(해 년)

한자의 유래
뜻을 결정한 물 수(氵/水)와 발음을 결정한
선(先)이 합쳐진 한자입니다.

씻을 **세** (氵/水부)   洗洗洗洗洗洗洗洗洗 (총 9획)

필순에 따라 빈 칸에 한자를 쓰고 훈과 음을 쓰세요.

洗					
씻을 세					

교과서 한자

· 洗面(세면) : 얼굴을 씻음.
· 洗練(세련) : 서투르거나 어색한데 없이 능숙함.

洗面 洗練

한자의 유래
나무 모양을 본뜬 목(木)과 나무작대기에
봇짐을 묶어 놓은 모습인 구(口)가 합쳐진
한자입니다.

속 (木부)   束束束束束束束 (총7획)

필순에 따라 빈 칸에 한자를 쓰고 훈과 음을 쓰세요.

束					
묶을 속					

교과서 한자

· 束手(속수) : 손을 묶음.
· 團束(단속) : 규칙, 법령 등을 지키도록 통제함.
· 유의어 : 結(맺을 결)

한자의 유래
사람의 머리털과 얼굴의 모습을 동시에
가지고 있는 한자입니다.

首
머리 **수** (首부)

首 首 首 首 首 首 首 首 首 (총 9획)

필순에 따라 빈 칸에 한자를 쓰고 훈과 음을 쓰세요.

首					
머리 수					

· 首相(수상) : 내각의 우두머리.
· 首席(수석) : 맨 윗자리.
· 유의어 : 頭(머리 두)

首 相 首 席

한자의 유래
집의 모양을 본뜬 면(宀)과 사람의 모습인
인(人/亻), 깔아 놓은 돗자리의 모습인 백(百)이
합쳐져 집 안에서 돗자리를 깔고 누워 자는
사람의 모습을 본뜬 한자입니다.

잘 **숙**/별자리 **수**(宀부)   宿 宿 宿 宿 宿 宿 宿 宿 宿 宿 宿 (총 11획)

필순에 따라 빈 칸에 한자를 쓰고 훈과 음을 쓰세요.

宿					
잘 숙/별자리수					

교과서 한자

· 宿所(숙소) : 머물러 묵는 곳.
· 宿命(숙명) : 날 때부터 타고난 운명.

宿所 宿命

102

한자의 유래
발음을 결정한 천(川)과 머리로 이해하고
'따르다', '순종하다' 는 뜻을 결정한 머리
혈(頁)이 합쳐진 한자입니다.

順할 **순** (頁부)

順 順 順 順 順 順 順 順 順 順 順 順 (총 12획)

필순에 따라 빈 칸에 한자를 쓰고 훈과 음을 쓰세요.

順					
순할 순					

교과서 한자

· 順理(순리) : 도리에 순종함.
· 順産(순산) : 산모가 탈없이 아이를 낳음.

월   일   확인:

한자의 유래
아는 것을 말로 표현한다는 뜻을 가진
언(言)과 음(音)과 발음을 결정한 익(戈)이
합쳐진 한자입니다.

식/   지(言부)   識 識 識 識 識 識 識 識 識 識 識 識 識 (총 19획)

필순에 따라 빈 칸에 한자를 쓰고 훈과 음을 쓰세요.

識 알 식/ 기록할 지					

· 有識(유식) : 아는 것이 많음.
· 識別(식별) : 사물의 성질이나 종류를 구별함.
· 유의어: 知(알 지)

有 識 識 別

104

월   일   확인:

한자의 유래
엎드리고 있는 사람의 눈을 표현한 글자로
엎드려 윗사람의 명령을 듣고 있는 모습을
본뜬 한자입니다.

신하 **신** (臣부)

臣 臣 臣 臣 臣 臣 (총 6획)

필순에 따라 빈 칸에 한자를 쓰고 훈과 음을 쓰세요.

臣					
신하 신					

· 臣下(신하) : 임금을 섬기어 벼슬하는 사람.
· 功臣(공신) : 나라에 공로가 있는 신하.
· 상대, 반의어 : 王(임금 왕)

한자의 유래

지붕의 모습을 본뜬 면(宀)과 실에 꿰어
놓은 돈꾸러미를 가득 쌓아 놓은 모습인
꿸 관(貫)이 합쳐진 한자입니다.

열매 **실**(宀부)

實實實實實實實實實實實實實實 (총 14획)

필순에 따라 빈 칸에 한자를 쓰고 훈과 음을 쓰세요.

實					
열매 실					
약자 実					

교과서한자

· 果實(과실) : 먹을 수 있는 나무의 열매.
· 實名(실명) : 실제의 이름.
· 유의어 : 果(과실 과)

果 實 實 名

한자의 유래
머리를 크게 강조한 모습의 어린 아이를
본뜬 한자입니다.

兒

아이 **아** (儿부)

兒 兒 兒 兒 兒 兒 兒 兒 (총 8획)

필순에 따라 빈 칸에 한자를 쓰고 훈과 음을 쓰세요.

兒					
아이 아					
약자 兒					

교과서 한자

· 兒童(아동) : 어린 아이.
· 小兒(소아) : 어린 아이.
· 유의어 : 童(아이 동) 상대, 반의어 : 長(어른 장)

1. 다음 漢字(한자)의 讀音(독음)을 (   )안에 쓰세요.

1) 1919년 3월 1일 대한독립 萬歲(   )의 함성이 거리를 덮었다.

2) 옛날에 비해서 요즘 교복은 매우 洗練(   )되었다.

3) 약 束(   )을 꼭 지켜라!

4) 한자를 찾기 위해서는 한문의 部首(   )를 알아야 한다.

5) 선생님이 宿題(   )를 많이 내주셨다.

6) 順風(   )에 돛을 단 듯 모든 일이 척척 풀린다.

7) 이와 같이 비슷하지만 다른 것들을 識別(   )할 수 있겠니?

8) 백성을 구한 이순신장군은 진정한 충 臣(   )이었다.

9) 유아들은 事實(   )과 상상을 구분하지 못하는 경우가 있다.

10) 新生兒(   )용 신발이 매우 깜직하다.

2. 다음 밑줄 친 말과 뜻이 통하는 漢字(한자)를 보기에서 골라 번호를
쓰세요.

> 보기 ① 洗 ② 兒 ③ 束 ④ 識 ⑤ 宿
>   ⑥ 順 ⑦ 首 ⑧ 實 ⑨ 臣 ⑩ 歲

1) 서두리지 말고 순서대로 차근차근 하자! (　　)

2) 안다고 모두 행동할 수 있는 것은 아니다. (　　)

3) 머리는 항상 차게 손발은 따뜻하게. (　　)

4) 우리 집 강아지가 묶어 놓은 끈을 풀고 도망갔다. (　　)

5) 세월 앞에 장사 없다. (　　)

6) 잠자리가 편안해야 다음 날 일이 잘된다. (　　)

7) 세수하고 밥 먹자. (　　)

8) 신하들은 언제나 왕의 잘못을 바로 잡았습니다. (　　)

9) 과실로 만든 술이 과실주 또는 과일주이다. (　　)

10) 아이들은 어른의 거울이다. (　　)

1. 다음 漢字語(한자어)의 讀音(독음)을 쓰세요.

1) 歲月 (　　　　　) 　　11) 年歲 (　　　　　)

2) 洗手 (　　　　　) 　　12) 洗面 (　　　　　)

3) 團束 (　　　　　) 　　13) 結束 (　　　　　)

4) 首席 (　　　　　) 　　14) 首相 (　　　　　)

5) 宿所 (　　　　　) 　　15) 合宿 (　　　　　)

6) 順理 (　　　　　) 　　16) 順産 (　　　　　)

7) 良識 (　　　　　) 　　17) 意識 (　　　　　)

8) 使臣 (　　　　　) 　　18) 臣下 (　　　　　)

9) 實感 (　　　　　) 　　19) 果實 (　　　　　)

10) 兒童 (　　　　　) 　　20) 育兒 (　　　　　)

2. 다음 漢字(한자)의 訓(훈)과 音(음)을 쓰세요

1) 洗 (　　　　, 　　　　)

2) 兒 (　　　　, 　　　　)

3) 束 (　　　　, 　　　　)

4) 識 (,   )

5) 宿 (,   )

6) 順 (,   )

7) 首 (,   )

8) 實 (,   )

9) 臣 (,   )

10) 歲 (,   )

3. 다음 질문에 맞는 漢字(한자)를 보기에서 골라 번호를 쓰세요.

보기
① 歲   ② 洗   ③ 束   ④ 首   ⑤ 宿
⑥ 順   ⑦ 識   ⑧ 臣   ⑨ 實   ⑩ 兒

1) 結와 비슷한 의미를 가진 한자는? (   )

2) 王과 상대의 의미를 가진 한자는? (   )

3) 年과 비슷한 의미를 가진 한자는? (　　　)

4) 室과 音은 같은데 뜻이 다른 한자는? (　　　)

5) 樹와 音은 같은데 뜻이 다른 한자는? (　　　)

6) 一面(　　　)(한 번 만나 인사나 나눈 정도로 서로에 대해 앎)에 들어갈

한자는?

4. 다음 밑줄 친 단어를 漢字(한자)로 쓰세요.

1) 요금이 저렴해서 셀프 세차를 하려는 사람들이 늘고 있다.(　　　)

2) 감기에 걸린 조카는 소아과에서 진료를 받았다.(　　　)

3) 일을 마치고 숙소로 돌아갔다.(　　　)

4) 사고로 의식을 잃어버렸다.(　　　)

5) 모든 일을 순리에 따라 하면 큰 문제가 생기지 않는다.(　　　)

5. 다음 뜻에 맞는 한자를 보기에서 고르시오.

보기
① 年歲   ② 現實   ③ 首相
④ 順理   ⑤ 結束

1) 현재의 사실이나 형편 (   )

2) 도리에 순종함 (   )

3) 나이의 높임 말 (   )

4) 내각의 우두머리 (   )

5) 한 덩어리가 되게 묶음, 뜻이 맞는 사람끼리 단결함. (   )

6. 首(머리 수)를 쓰는 순서에 맞게 각 획에 번호를 쓰세요.

識者憂患 (식자우환)

학식이 있는 것이 도리어 우환을 사게 된다는 뜻입니다.

흠…그렇구나.

엄마~, 산지 표시도 안 된 채소잖아요. 사면 안 돼요.

아저씨~, 담배에는 각종 발암물질이 들어 있어서 몸에 해로워요. 아시죠?

그…그래?

휴~ 알면 알수록 걱정할 게 많단 말이야.

아무래도 식자우환이군.

❖ 識:알 식, 者:놈 자, 優:근심 우, 患:근심 환

114

惡
악할 악/미워할 오

約
맺을 약

養
기를 양

要
요긴할 요

友
벗 우

雨
비 우

雲
구름 운

元
으뜸 원

偉
클 위

以
써 이

월   일   확인:

한자의 유래
발음을 결정한 아(亞)와 사람의 감정 상태를
뜻하는 마음 심(心)이 합쳐진 한자입니다.

악/   오(心부)   惡惡惡惡惡惡惡惡惡惡惡惡 (총 12획)

필순에 따라 빈 칸에 한자를 쓰고 훈과 음을 쓰세요.

惡				
악할 악/미워할 오				
惡				

· 惡德(악덕) : 도덕에 어긋난 나쁜 마음이나 행동.
· 惡名(악명) : 악하다는 소문이나 평판.
· 상대, 반의어 : 愛(사랑 애)

한자의 유래

끈으로 묶는다는 뜻을 결정한 실 사(糸)와
발음을 결정한 작(勺)이 합쳐진 한자입니다.

맺을 **약** (糸부)   約 約 約 約 約 約 約 約 約 (총 9획)

필순에 따라 빈 칸에 한자를 쓰고 훈과 음을 쓰세요.

約					
맺을 약					

· 約束(약속) : 미리 정해 놓은 일에 대해 서로
　　　　　　 어기지 않을 것을 다짐함.
· 約定(약정) : 약속하여 정함.
· 유의어 : 束(묶을 속)

117

한자의 유래
발음을 결정한 양(羊)과 먹여서 기른다는
뜻을 결정한 먹을 식(食)이 합쳐진 한자입니다.

기를 **양** (食부)

養養養養養養美美養養養養養養養 (총 15획)

필순에 따라 빈 칸에 한자를 쓰고 훈과 음을 쓰세요.

養				
기를 양				

교과서
한자

· 養育(양육) : 돌보아 길러 자라게 함.
· 養子(양자) : 입양한 아들.
· 유의어 : 育(기를 육)

한자의 유래

사람의 허리 모양을 본뜬 西(서)와 여자의 모습을 본뜬 女(여)가 합쳐진 한자로 사람에게는 허리가 중요함을 강조한 것입니다.

요긴할 **요** (襾부)

要 要 要 要 要 要 要 要 要 (총 9획)

필순에 따라 빈 칸에 한자를 쓰고 훈과 음을 쓰세요.

要					
요긴할 요					

· 重要(중요) : 소중하고 요긴함.

· 强要(강요) : 강제로 요구함.

월   일   확인:

한자의 유래
두 사람이 손을 서로 맞잡고 있는 모습을
본뜬 것으로 '친구'를 뜻합니다.

벗 우 (又부)

友 友 友 友 (총 4획)

필순에 따라 빈 칸에 한자를 쓰고 훈과 음을 쓰세요.

友 벗 우				

교과서
한자

· 友愛(우애) : 형제 또는 친구간의 사랑.

· 交友(교우) : 벗과 사귐.

월   일 확인:

한자의 유래
하늘에서 내리는 비의 모양을 본뜬 한자
입니다.

비 우 (雨부)

雨 雨 雨 雨 雨 雨 雨 雨 (총 8획)

필순에 따라 빈 칸에 한자를 쓰고 훈과 음을 쓰세요.

雨					
비 우					

· 雨天(우천) : 비가 오는 날씨.
· 雨衣(우의) : 비옷.

121

월   일 확인:

한자의 유래
뭉게뭉게 피어오르는 구름의 모습을 본뜬
우(雨)와 발음을 결정한 운(云)이 합쳐진
한자입니다.

구름 운(雨부)

雲雲雲雲雲雲雲雲雲雲雲雲 (총 12획)

필순에 따라 빈 칸에 한자를 쓰고 훈과 음을 쓰세요.

雲					
구름 운					

교과서한자

· 雲集(운집) : 구름처럼 많이 모임.
· 雲海(운해) : 구름 바다.

122

한자의 유래

二(이)는 사람의 머리 모양이 간략화된 것이고, 아래의 儿(인)은 사람의 다리 모양을 본뜬 것으로 사람의 머리는 몸의 으뜸이란 뜻에서 온 한자입니다.

으뜸 **원** (儿부)

元 元 元 元 (총 4획)

필순에 따라 빈 칸에 한자를 쓰고 훈과 음을 쓰세요.

元					
으뜸 원					

교과서 한자

· 元祖(원조) : 첫 대의 조상, 어떤 일을 처음으로 시작한 사람.
· 元來(원래) : 본디.

한자의 유래

훌륭한 사람을 뜻하는 인(亻/人)과
발음을 결정한 위(韋)가 합쳐진 한자
입니다.

위 (亻/人부)

偉 偉 偉 偉 偉 偉 偉 偉 偉 偉 偉 (총 11획)

필순에 따라 빈 칸에 한자를 쓰고 훈과 음을 쓰세요.

偉					
클 위					

· 偉人(위인) : 뛰어나고 훌륭한 사람.
· 偉大(위대) : 크게 뛰어나고 훌륭함.
· 유의어 : 太(클 태) 大(큰 대) 상대, 반의어 : 小(작을 소)

한자의 유래
갑골문에서는 농기구의 모양을 본뜬 한자였으나 지금은 농기구를 '사용한다' 라는 뜻이 되었습니다.

써 **이** (亻/人부)

以 以 以 以 以 (총 5획)

필순에 따라 빈 칸에 한자를 쓰고 훈과 음을 쓰세요.

以 써 이					

· 以上(이상) : 일정한 한도의 위.
· 以後(이후) : 이제부터 뒤.

1. 다음 漢字(한자)의 讀音(독음)을 (   )안에 쓰세요.

1) 암행어사 박문수는 惡德(   )한 탐관오리들을 혼내주었다.

2) 公約(   )을 지키지 않으면 空約(   )이 된다.

3) 養分(   )이 풍부한 채소를 많이 먹어야 한다.

4) 자기가 하기 싫은 일을 남에게 强要(   )하지 마라.

5) 많은 友軍(   )을 확보한 자가 보다 유리하게 싸울 수 있다.

6) 雨水(   )는 24절기 중 하나로 입춘 15일후 이며 봄비가 내리기

  시작한다고 한다.

7) 그 분은 젊은 시절 靑雲(   )의 꿈을 품고 상경하였다.

8) 세상에 元來(   )부터 나쁜 사람은 없다.

9) 세종대왕은 한글창제의 偉業(   )을 달성하였다.

10) 도서정가제의 시행으로 도서할인은 총 10% 以內(   )에서만 허용된다.

2. 다음 밑줄 친 말과 뜻이 통하는 漢字(한자)를 보기에서 골라 번호를
   쓰세요.

보기   ① 惡   ② 約   ③ 養   ④ 要   ⑤ 友
      ⑥ 雨   ⑦ 雲   ⑧ 元   ⑨ 偉   ⑩ 以

1) 약속은 언제나 중요한 것이다. (   )

2) 물고기 양식업을 하는 분들이 태풍으로 피해가 컸다 .(   )

3) 악당들을 물리쳤습니다. (   )

4) 장마철에는 항상 우산을 챙겨 다녀야 한다. (   )

5) 친구와의 우정은 무엇과도 바꿀 수 없이 소중하다. (   )

6) 이 문제는 참으로 중요한 문제니 잘 기억해라! (   )

7) 위대한 사람의 뒤엔 위대한 부모가 있다. (   )

8) 이 한자는 원래 무슨 뜻이지? (   )

9) 검은 구름이 밀려오는 것을 보니 비가 올 것같다. (   )

10) 키 150cm 이상만이 이 놀이 기구를 탈 수 있다. (   )

1. 다음 漢字語(한자어)의 讀音(독음)을 쓰세요.

1) 惡人 (　　　　　)　　　　11) 惡名 (　　　　　)

2) 約定 (　　　　　)　　　　12) 約束 (　　　　　)

3) 養老 (　　　　　)　　　　13) 奉養 (　　　　　)

4) 重要 (　　　　　)　　　　14) 主要 (　　　　　)

5) 友愛 (　　　　　)　　　　15) 學友 (　　　　　)

6) 雨天 (　　　　　)　　　　16) 强雨 (　　　　　)

7) 雲海 (　　　　　)　　　　17) 戰雲 (　　　　　)

8) 元首 (　　　　　)　　　　18) 元祖 (　　　　　)

9) 偉大 (　　　　　)　　　　19) 偉人 (　　　　　)

10) 以後 (　　　　　)　　　　20) 以南 (　　　　　)

2. 다음 漢字(한자)의 訓(훈)과 音(음)을 쓰세요

1) 養 (　　　　,　　　　)

2) 元 (　　　　,　　　　)

3) 惡 (　　　　,　　　　)

4) 要 (　　　　,　　　　)

5) 以 (　　　　,　　　　)

6) 雨 (,   )

7) 雲 (,   )

8) 約 (,   )

9) 偉 (,   )

10) 友 (,   )

3. 다음 질문에 맞는 漢字(한자)를 보기에서 골라 번호를 쓰세요.

보
기
　① 惡　② 約　③ 養　④ 要　⑤ 友
　⑥ 雨　⑦ 雲　⑧ 元　⑨ 偉　⑩ 以

1) 束과 비슷한 의미를 가진 한자는? (   )

2) 育과 비슷한 의미를 가진 한자는? (   )

3) 小와 반대의 의미를 가진 한자는? (   )

4) 愛과 반대의 의미를 가진 한자는? (   )

5) 園과 音은 같은데 뜻이 다른 한자는? (　　　　　)

6) 運과 音은 같은데 뜻이 다른 한자는? (　　　　　)

7) 交友(　　　　　)信(신의로서 벗을 사귐)에 들어갈 한자는? (　　　　　)

4. 다음 밑줄 친 단어를 漢字(한자)로 쓰세요.

1) 악의를 가지고 한일은 아니었다.(　　　　)

2) 이 학교의 목적은 훌륭한 기술자를 양성하는 것이다. (　　　　)

3) 일촉즉발의 전운이 감돌고 있다. (　　　　)

4) 이후로는 다시는 이런 일이 일어나지 않도록 하겠습니다. (　　　　)

5) 이 아이는 자라서 위대한 인물이 될 것이다. (　　　　)

5. 다음 뜻에 맞는 한자를 보기에서 고르시오.

보기
① 要約　　② 元老　　③ 强雨
④ 友愛　　⑤ 奉養

1) 말이나 문장의 주요내용을 잡아 추려냄

2) 세차게 내리는 비

3) 형제간 친구간의 사랑

4) 한가지일에 오래 종사하여 경험과 공로가 많은 사람

5) 웃어른을 받들어 모심

6. 約(맺을 약)를 쓰는 순서에 맞게 각 획에
번호를 쓰세요.

事君以忠 (사군이충)

임금을 섬기되 충성으로 함을 의미합니다.

❖ 事:섬길 사, 君:임금 군, 以:써 이, 忠:충성 충

 任 맡길 임

材 재목 재

 財 재물 재

 的 과녁 적

 傳 전할 전

 典 법전

 展 펼 전

 切 끊을 절/온통 체

 節 마디 절

 店 가게 점

한자의 유래
사람이 임하였다는 뜻의 사람 인(亻/人)
과 발음을 결정한 임(壬)이 합쳐진 한자
입니다.

맡길 임 (亻/人부) 任任任任任任 (총 6획)

필순에 따라 빈 칸에 한자를 쓰고 훈과 음을 쓰세요.

任				
맡길 임				

교과서 한자

· 任命(임명) : 직무를 맡김.
· 放任(방임) : 제멋대로 내버려둠.

任命 放任

한자의 유래
재목으로 사용하는 재료인 목(木)과 발음을
결정한 재(才)가 합쳐진 한자입니다.

재목 **재** (木부)   材 材 材 材 材 材 材 (총 7획)

필순에 따라 빈 칸에 한자를 쓰고 훈과 음을 쓰세요.

材					
재목 재					

· 材木(재목) : 물건을 만드는데 쓰이는 나무, 어
　　　　　떤 일에 합당한 능력을 가진 인물.
· 教材(교재) : 교수 및 학습에 쓰이는 재료.

월   일   확인:

한자의 유래
돈의 뜻인 패(貝)와 발음을 결정한
재(才)가 합쳐진 한자입니다.

재물 **재**(貝부)

財 財 財 財 財 財 財 財 財 財 (총 10획)

필순에 따라 빈 칸에 한자를 쓰고 훈과 음을 쓰세요.

財				
재물 재				

· 財産(재산) : 개인이나 단체가 소유한 경제적
　　　　　　　가치가 있는 것.
· 財物(재물) : 돈과 값나가는 물건.

財 産 財 物

136

월   일 확인:

한자의 유래
해의 모양을 본뜬 백(白)과 발음을 결정한
작(勹)이 합쳐진 한자입니다.

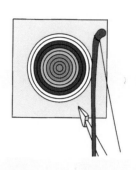

과녁 **적** (白부)

的 的 的 的 的 的 的 的 (총 8획)

필순에 따라 빈 칸에 한자를 쓰고 훈과 음을 쓰세요.

的					
과녁 적					

교과서 한자

· 公的(공적) : 공공에 관한 것.
· 的中(적중) : 과녁에 맞음.

公 的 的 中

한자의 유래
사람이 사람에게 무엇을 전한다는 뜻에서
온 사람 인(亻/人)과 발음을 결정한 전(專)이
합쳐진 한자입니다.

전할 **전** (亻/人부)   傳 傳 傳 傳 傳 傳 傳 傳 傳 傳 傳 傳 傳 (총 13획)

필순에 따라 빈 칸에 한자를 쓰고 훈과 음을 쓰세요.

傳 전할 전					
약 자 伝					

교과서한자

· 口傳(구전) : 입으로 전해 내려오는 것.
· 傳說(전설) : 설화의 한 가지.

口 傳 傳 說

138

한자의 유래
책의 모습을 본뜬 책(册)과 두 손의 모습을
본뜬 팔(八)이 합쳐진 한자로 책을 보고
법으로 삼는다는 뜻입니다.

법 **전** (八부)　　典 典 典 典 典 典 典 典 (총 8획)

필순에 따라 빈 칸에 한자를 쓰고 훈과 음을 쓰세요.

典 법 전	典	典	典	典	典	典
典						

교과서 한자

· 法典(법전) : 법에 대해 정리하여 엮은 책.
· 古典(고전) : 옛날의 법식, 오랫동안 널리 읽히는 작품.
· 유의어 : 法(법 법) 例(법식 례) 式(법 식)

法典　古典

월   일 확인:

한자의 유래
시체 시(尸)와 옷 의(衣)와 장인 공(工)이
합쳐진 한자로 죽은 사람을 위해 살아있을
때 입었던 옷을 펼쳐 놓는 중국의 장례
풍습에서 유래했습니다.

펼 **전** (尸부)

展 展 展 展 展 展 展 展 展 展 (총 10획)

필순에 따라 빈 칸에 한자를 쓰고 훈과 음을 쓰세요.

展				
펼 전				

교과서 한자

· 發展(발전) : 더 좋고 나은 상태로 나아감.
· 展望(전망) : 멀리 바라봄 또는 멀리 보이는 경치.

發 展 展 望

140

월   일   확인:

한자의 유래
발음을 결정한 칠(七)과 끊는다는 뜻을
결정한 칼 도(刀)가 합쳐진 한자입니다.

끊을 **절** / 온통 **체** (刀부)   切 切 切 切 (총 4획)

필순에 따라 빈 칸에 한자를 쓰고 훈과 음을 쓰세요.

切					
끊을 절 / 온통 체					

· 一切(일체) : 모든, 온갖.
· 切感(절감) : 절실히 느낌.
· 상대, 반의어 : 結(맺을 결)

一 切 切 感

월   일   확인:

한자의 유래

처음에는 관절(뼈마디)을 꿇고 앉아 있는 모습을 본뜬 한자였다가 지금은 대나무 죽(竹)을 붙여 대나무의 마디를 강조했습니다.

節 **마디 절** (竹부)

節 節 節 節 節 節 節 節 節 節 節 節 節 節 節 (총 15획)

필순에 따라 빈 칸에 한자를 쓰고 훈과 음을 쓰세요.

節					
마디 절					

교과서 한자

· 關節(관절) : 뼈와 뼈가 연결된 부분.
· 節約(절약) : 아껴 씀.
· 유의어 : 寸(마디 촌)

월   일   확인:

한자의 유래
지붕의 뜻을 가진 엄(广)과 발음을 결정한
점(占)이 합쳐진 한자입니다.

가게 **점**(广부)   店 店 店 店 店 店 店 店 (총 8획)

필순에 따라 빈 칸에 한자를 쓰고 훈과 음을 쓰세요.

店					
가게 점					

교과서 한자

· 書店(서점) : 책을 파는 가게.
· 商店(상점) : 물건을 파는 가게

書 店 商 店

143

1. 다음 漢字(한자)의 讀音(독음)을 (   )안에 쓰세요.

1) 내일은 학급任(   )원 선거가 있는 날이다.

2) 급수한자 수업에서 이 책을 教材(   )로 사용한다.

3) 할머니는 고생하며 평생 동안 모은 財産(   )을 기부하셨다.

4) 환경문제는 특정한 나라만의 문제가 아니라 世界的(   )인 문제이다.

5) 어린 시절 傳說(   )의 고향에 나온 구미호는 정말 무서웠다.

6) 古典(   )은 여전히 현대인들에게 중요한 지혜를 전달하고 있다.

7) 이 책에는 흥미로운 이야기가 展開(   )되어있다.

8) 그는 매우 親切(   )한 사람이다.

9) 추석과 설날은 민족 최대의 名節(   )이다.

10) 商店(   )에는 물건들이 가득하였다.

2. 다음 밑줄 친 말과 뜻이 통하는 漢字(한자)를 보기에서 골라 번호를 쓰세요.

보기
① 財 ② 的 ③ 任 ④ 展 ⑤ 店
⑥ 傳 ⑦ 節 ⑧ 切 ⑨ 材 ⑩ 典

1) 당신의 재산은 모두 얼마입니까? (   )

2) 임무를 망각하지 마라! (   )

3) 저 사람이 이 시대의 진정한 재목이다. (   )

4) 과녁에 정확하게 맞춰라! (   )

5) 화려한 조명 아래에 신제품들이 전시되어 있었다. (   )

6) 관절은 뼈마디를 말한다. (   )

7) 전설에는 우리 조상들이 살았던 역사가 숨어있다. (   )

8) 두 분은 원래 절친한 사이였습니다. (   )

9) 자식을 상전 모시듯 하면 안된다. (   )

10) 장난감 가게엔 내가 좋아하는 장난감이 가득하다. (   )

1. 다음 漢字語(한자어)의 讀音(독음)을 쓰세요.

1) 任意 (　　　　　　)　　　　11) 放任 (　　　　　　)

2) 材木 (　　　　　　)　　　　12) 惡材 (　　　　　　)

3) 財力 (　　　　　　)　　　　13) 財團 (　　　　　　)

4) 的中 (　　　　　　)　　　　14) 目的 (　　　　　　)

5) 口傳 (　　　　　　)　　　　15) 傳記 (　　　　　　)

6) 法典 (　　　　　　)　　　　16) 上典 (　　　　　　)

7) 展望 (　　　　　　)　　　　17) 發展 (　　　　　　)

8) 一切 (　　　　　　)　　　　18) 切實 (　　　　　　)

9) 節約 (　　　　　　)　　　　19) 時節 (　　　　　　)

10) 書店 (　　　　　　)　　　　20) 本店 (　　　　　　)

2. 다음 漢字(한자)의 訓(훈)과 音(음)을 쓰세요.

1) 財 (　　　　,　　　　)

2) 的 (　　　　,　　　　)

3) 任 (　　　　,　　　　)

4) 展 (　　　　,　　　　)

5) 店 (　　　　,　　　　)

6) 傳 (　　　　,　　　　)

7) 節 (　　　　,　　　　)

8) 切 (　　　　,　　　　)

9) 材 (　　　　,　　　　)

10) 典 (　　　　,　　　　)

3.다음 질문에 맞는 漢字(한자)를 보기에서 골라 번호를 쓰세요.

보기　① 任　② 材　③ 財　④ 的　⑤ 傳
　　　⑥ 典　⑦ 展　⑧ 切　⑨ 節　⑩ 店

1) 法과 비슷한 의미를 가진 한자는? (　　　　)

2) 寸과 비슷한 의미를 가진 한자는? (　　　　)

3) 結과 반대의 의미를 가진 한자는? (　　　　)

4) 人(　　　　)登用(인재를 뽑아 벼슬을 시킴)에 들어갈 한자는?

5) 以心(　　　　)心(마음이 통하여 말을 하지 않아도 의사가 통함)에 들

어갈 한자는?

4. 다음 밑줄 친 단어를 漢字(한자)로 쓰세요.

1) 목표는 목적을 달성하기 위해 무엇을 할지 정하는 것이다. (　　　　　)

2) 이번에 이사를 간 집은 바다가 보여 전망이 좋다. (　　　　　)

3) 서점에는 이 책을 사러 온 사람들로 가득하였다. (　　　　　)

4) 이 번 경제회의에는 재계의 인사들이 많이 참여한다. (　　　　　)

5) 이 일은 내가 임의로 처리할 수 있는 문제가 아니다. (　　　　　)

5. 다음 뜻에 맞는 漢字(한자)를 보기에서 고르시오.

보기	① 任命	② 傳記	③ 節約
	④ 人材	⑤ 財物	

1) 직무를 맡김(　　　　　)

2) 돈이나 값나가는 물건 (   )

3) 어떤일을 할 수 있는 능력을 가진 사람 (   )

4) 한 사람의 일생동안의 행적을 적은 기록 (   )

5) 아껴 씀 (   )

6. 任(맡길 임)를 쓰는 순서에 맞게 각 획에
번호를 쓰세요.

만화로 읽는 사자성어

切齒腐心 (절치부심)

몹시 분하여 이를 갈고 속을 썩인다는 뜻입니다.

❖ 切:끊을 절, 齒:이 치, 腐:썩을 부, 心:마음 심

5급 Ⅱ과정

 情
뜻 정

 調
고를 조

 卒
마칠 졸

 種
씨 종

 州
고을 주

 週
주일 주

 知
알 지

 質
바탕 질

 着
붙을 착

 參
참여할 참/석 삼

한자의 유래

감정 상태를 나타내는 마음 심(忄/心)과
발음을 결정한 청(靑)이 합쳐진 한자입니다.

뜻 **정**(心부)

情 情 情 情 情 情 情 情 情 情 情 (총 11획)

필순에 따라 빈 칸에 한자를 쓰고 훈과 음을 쓰세요.

情 뜻 정					

교과서 한자

· 感情(감정) : 느끼어 일어나는 마음, 기분.
· 友情(우정) : 친구 사이의 정.
· 유의어 : 意(뜻 의)

월   일 확인:

한자의 유래
말씀 언(言)과 주(周)가 합쳐진 한자로
언(言)은 '입으로 고르게 조절하다' 와
'화합하다' 는 뜻을, 주(周)는 발음을 결정
하였습니다.

조율이 잘 되었나?

고를 **조** (言부)

調 調 調 調 調 調 調 調 調 調 調 調 調 調 調 (총 15획)

필순에 따라 빈 칸에 한자를 쓰고 훈과 음을 쓰세요.

調					
고를 조					

교과서한자

· 曲調(곡조) : 음악의 가락.

· 調節(조절) : 알맞게 조정하여 어울리게 함.

153

월   일 확인:

한자의 유래
윗도리의 모양을 본뜬 한자로 주로 병졸
들이 입는 옷이었습니다.

마칠 **졸** (十부)   卒 卒 卒 卒 卒 卒 卒 卒 (총 8획)

필순에 따라 빈 칸에 한자를 쓰고 훈과 음을 쓰세요.

卒					
마칠 졸					

교과서 한자
· 卒兵(졸병) : 지위가 낮은 병사.
· 卒業(졸업) : 학교에서 규정한 공부를 마침.
· 유의어 : 兵(병사 병)

한자의 유래
뜻을 결정하고 벼이삭의 모양을 본뜬 화
(禾)와 발음을 결정한 중(重)이 합쳐진
한자입니다.

씨 종 (禾부)

種種種種種種種種種種種種種種 (총 14획)

필순에 따라 빈 칸에 한자를 쓰고 훈과 음을 쓰세요.

種					
씨 종					

교과서 한자

· 種類(종류) : 사물을 각 부문에 따라서 나눈 갈래.
· 種子(종자) : 씨.

155

한자의 유래
시냇물의 모양을 본뜬 천(川)과 시냇물 안의 삼각주 모양을 본뜬 한자로 처음에는 삼각주라는 뜻을 가지고 있었습니다.

고을 **주** (巛 부)   州 州 州 州 州 州 (총 6획)

필순에 따라 빈 칸에 한자를 쓰고 훈과 음을 쓰세요.

州					
고을 주					

- 州郡(주군) : 지방을 일컬음.
- 光州(광주) : 전라남도 광역시.
- 유의어 : 郡(고을 군) 洞(고을 동) 邑(고을 읍)

州郡 光州

한자의 유래
진행의 뜻을 결정한 착(辶)과 발음을
결정한 주(周)가 합쳐진 한자입니다.

주일 주 (辶부)

週 週 週 週 週 週 週 週 週 週 週 週 (총 12획)

필순에 따라 빈 칸에 한자를 쓰고 훈과 음을 쓰세요.

週 주일 주					

교과서 한자

· 今週(금주) : 이번 주.

· 週日(주일) : 일요일부터 토요일까지 7일 동안.

157

월   일 확인:

한자의 유래
발음을 결정한 시(矢)와 아는 것을 '입으로 말하다'는 뜻의 입 구(口)가 합쳐진 한자입니다.

알 **지** (矢부)　　知 知 知 知 知 知 知 知 (총 8획)

필순에 따라 빈 칸에 한자를 쓰고 훈과 음을 쓰세요.

知	知	知	知	知	知	知
알 지						

교과서 한자
· 知識(지식) : 배우고 연구해서 알고 있는 내용.
· 知性(지성) : 사물을 알고 생각하는 능력.
· 유의어 : 識(알 식) 상대, 반의어 : 行(다닐 행)

한자의 유래
두 개의 도끼[斤]와 조개 모양을 본뜬
패(貝)가 합쳐져 '바탕으로 삼다', '저당
잡히다' 등의 뜻을 가지고 있는 한자입니다.

바탕 **질** (貝부)

質質質質質質質質質質質質質質質 (총 15획)

필순에 따라 빈 칸에 한자를 쓰고 훈과 음을 쓰세요.

質					
바탕 질					

교과서 한자

· 性質(성질) : 사람이 가진 마음의 본바탕,
　　　　　　사물의 고유한 특성
· 人質(인질) : 볼모.

월   일   확인:

한자의 유래

같은 갈래의 한자로는 저(著), 저(箸)가 있으며, 처음에는 '짓다', '드러나다' 는 뜻으로 쓰였지만 지금은 '입다', '붙다' 는 의미로 쓰입니다.

앗! 내옷 보다 더, 착용감이 좋은것 같은데!!

붙을 **착** (目부)   着 着 着 着 着 着 着 着 着 着 着 着 (총 12획)

필순에 따라 빈 칸에 한자를 쓰고 훈과 음을 쓰세요.

着					
붙을 착					

교과서 한자
· 到着(도착) : 목적지에 다다름.
· 着地(착지) : 땅 위에 내림.
· 상대,반의어 : 發(필 발)

到 着 着 地

한자의 유래

사(厶)는 반짝이는 별의 모양을 본떴고 인 (人)은 별을 보고 있는 사람의 모습을 표현 한 것입니다. 또 아래의 삼(三)은 이 한자의 발음과 셋이라는 뜻을 나타냅니다.

참여할 **참/** 석 **삼**(厶부)　　參 參 參 參 參 參 參 參 參 參 參 (총 11획)

필순에 따라 빈 칸에 한자를 쓰고 훈과 음을 쓰세요.

參					
참여할 참/석 삼					
參					

· 參見(참견) : 관계없는 일에 끼어들어 이래라 저래라 함.
· 參席(참석) : 모임, 회의 등에 참여함.

1. 다음 漢字(한자)의 讀音(독음)을 (   )안에 쓰세요.

1) 아무리 事情(   )해 보아도 소용없다.

2) 인간은 자연과 調和(   )를 이루어야 행복할 수 있다.

3) 대학을 가지 않은 그 분은 노력하여 결국 高卒(   )신화를 만들었다.

4) 이번 어린이날에도 各種(   )행사가 마련되어있다.

5) 光州(   )시는 광역시이다.

6) 前週(   )에는 많은 사건과 사고가 있었다.

7) 젊은 시절 그는 많은 知識(   )을 쌓기 위해 노력하였다.

8) 質問(   )할 사람은 손을 들어라!

9) 도시를 떠나 농촌에 定着(   )하였다.

10) 남의 일에 왜 그렇게 參見(   )을 하니?

2. 다음 밑줄 친 말과 뜻이 통하는 漢字(한자)를 보기에서 골라 번호를 쓰세요.

보기
① 情 ② 着 ③ 週 ④ 知 ⑤ 參
⑥ 卒 ⑦ 種 ⑧ 質 ⑨ 調 ⑩ 州

1) 저 친구는 정이 깊은 사람이다. (　　　)

2) 음식을 잘 조리하는 것은 참 좋은 장점이다. (　　　)

3) 이번 주엔 뭐할 거니? (　　　)

4) 지식과 지혜가 반드시 비례하는 것은 아니다. (　　　)

5) 지구는 5대양 6대주로 이루어져 있다. (　　　)

6) 봄은 파종하는 시기이다. (　　　)

7) 이 옷은 옷감의 질이 다르다. (　　　)

8) 이 천은 착색이 너무 잘 됐다. (　　　)

9) 부모님이 졸업식에 오셨다. (　　　)

10) 이번 모임에 참석할 사람은 모두 손을 들어라! (　　　)

1. 다음 漢字語(한자어)의 讀音(독음)을 쓰세요.

1) 感情 (　　　　　)　　　　11) 多情 (　　　　　)

2) 調理 (　　　　　)　　　　12) 調節 (　　　　　)

3) 卒業 (　　　　　)　　　　13) 卒兵 (　　　　　)

4) 種類 (　　　　　)　　　　14) 種族 (　　　　　)

5) 州郡 (　　　　　)　　　　15) 全州 (　　　　　)

6) 每週 (　　　　　)　　　　16) 今週 (　　　　　)

7) 知性 (　　　　　)　　　　17) 感知 (　　　　　)

8) 人質 (　　　　　)　　　　18) 物質 (　　　　　)

9) 到着 (　　　　　)　　　　19) 着席 (　　　　　)

10) 參席 (　　　　　)　　　　20) 參戰 (　　　　　)

2. 다음 漢字(한자)의 訓(훈)과 音(음)을 쓰세요

1) 情 (　　　　, 　　　　)

2) 着 (　　　　, 　　　　)

3) 週 (　　　　, 　　　　)

4) 知 (　　　　, 　　　　)

5) 參 (　　　　, 　　　　)

6) 卒 (,   )

7) 種 (,   )

8) 質 (,   )

9) 調 (,   )

10) 州 (,   )

3. 다음 질문에 맞는 漢字(한자)를 보기에서 골라 번호를 쓰세요.

보기   ① 情   ② 調   ③ 卒   ④ 種   ⑤ 州
       ⑥ 週   ⑦ 知   ⑧ 質   ⑨ 着   ⑩ 參

1) 兵과 비슷한 의미를 가진 한자는? (   )

2) 意와 비슷한 의미를 가진 한자는? (   )

3) 行과 상대의 의미를 가진 한자는? (   )

4) 發과 상대의 의미를 가진 한자는? (   )

5) 朝와 音은 같으나 뜻이 다른 한자는? (　　　　)

6) 週와 音은 같으나 뜻이 다른 한자는? (　　　　)

7) 惡(　　　　)分子(악하게 행동하여 남을 해하는 사람)에 들어갈 한자는?

4. 다음 밑줄 친 단어를 漢字(한자)로 쓰세요.

1) 두 사람은 오랫동안 우정을 나눈 사이이다. (　　　　)

2) 아무리 강조해도 지나치지 않다. (　　　　)

3) 인간의 특징은 뛰어난 지능에 있다. (　　　　)

4) 물질적으로 만이아니라 정신적으로도 큰 도움이 되었다. (　　　　)

5) 비행기가 활주로에 착륙하였다. (　　　　)

5. 다음 뜻에 맞는 한자를 보기에서 고르시오.

보기
① 種族 　② 着席 　③ 調理
④ 來週 　⑤ 感情

1) 같은 종류의 생물 전체 또는 같은 계통의 언어와 문화를 가진 사회집단

2) 다음에 오는 주 (　　　)

3) 자리에 앉음 (　　　)

4) 건강이 회복되도록 몸을 보살핌 또는 요리를 만드는 과정, 방법 (　　　)

5) 느끼어 일어나는 마음, 기분 (　　　)

6. 參(참여할 참, 석 삼)를 쓰는 순서에 맞게 각 획에 번호를 쓰세요.

知彼知己 (지피지기)

남과 나의 세력을 살펴 안다는 뜻입니다.

❖ 知:알 지, 彼:저 피, 知:알 지, 己:몸 기

168

5급 II과정

責
꾸짖을 책

充
채울 충

宅
집 택 / 댁

品
물건 품

必
반드시 필

筆
붓 필

害
해할 해

化
될 화

效
본받을 효

凶
흉할 흉

월   일   확인:

한자의 유래
위는 가시나무 모습을 본뜬 자(朿)가 변한
형태이고 아래의 패(貝)는 조개의 모양을
본뜬 패물이란 뜻의 한자로, 돈과 관련
하여 서로 꾸짖는다는 의미입니다.

꾸짖을 **책** (貝부)

責 責 責 責 責 責 責 責 責 責 責 (총 11획)

필순에 따라 빈 칸에 한자를 쓰고 훈과 음을 쓰세요.

責				
꾸짖을 책				

교과서 한자

· 責任(책임) : 맡아서 꼭 해야 할 일.
· 責望(책망) : 잘못을 들어 꾸짖음.

責任 責望

한자의 유래
머리에 비녀를 꽂은 여자의 모습을 본뜬
한자로 결혼할 나이가 꽉 찼다는 뜻에서
나온 한자입니다.

채울 **충** (儿부)   充 充 充 充 充 充 (총 6획)

필순에 따라 빈 칸에 한자를 쓰고 훈과 음을 쓰세요.

充					
채울 충					

교과서
한자

· 充分(충분) : 부족함이 없음.
· 充實(충실) : 속이 차서 실속이 있음.

한자의 유래
집의 뜻을 결정한 집 면(宀)과 발음을 결정한 탁(乇)이 합쳐진 한자입니다.

집 **택/댁** (宀부)

宅宅宅宅宅宅 (총 6획)

필순에 따라 빈 칸에 한자를 쓰고 훈과 음을 쓰세요.

宅					
집 택/댁					

교과서 한자
· 住宅(주택) : 사람이 살 수 있게 지은 집.
· 宅地(택지) : 집터, 집을 지을 땅.
· 유의어 : 室(집 실) 堂(집 당) 家(집 가)

한자의 유래
여러 개의 물건을 놓고 서로 비교하고
평가하는 모습을 표현한 한자입니다.

물건 **品** (口부)

品 品 品 品 品 品 品 品 (총 9획)

필순에 따라 빈 칸에 한자를 쓰고 훈과 음을 쓰세요.

品					
물건 품					

교과서 한자

· 品質(품질) : 물건의 성질과 바탕.
· 品格(품격) : 사람이나 물건에서 느껴지는 품위.
· 유의어 : 物(물건 물)

必

반드시 필 (心부)

한자의 유래
익(弋)과 발음을 결정한 팔(八)이 합쳐진 한자로 처음과는 달리 지금은 '반드시'라는 뜻으로 쓰이고 있습니다.

必 必 必 必 必 (총 5획)

필순에 따라 빈 칸에 한자를 쓰고 훈과 음을 쓰세요.

必					
반드시 필					

교과서 한자

· 必要(필요) : 꼭 소용이 됨.
· 必勝(필승) : 반드시 이김.

必 要 必 勝

筆
붓 필 (竹부)

한자의 유래
붓을 만드는 재료인 대나무를 본뜬 죽(竹)
과 손에 붓을 쥐고 있는 모습인 율(聿)이
합쳐진 한자입니다.

筆 筆 筆 筆 筆 筆 筆 筆 筆 筆 筆 筆 (총 12획)

필순에 따라 빈 칸에 한자를 쓰고 훈과 음을 쓰세요.

筆					
붓 필					

교과서 한자

· 筆記(필기) : 글씨로 써서 기록함.
· 筆頭(필두) : 붓의 끝. 맨 처음. 단체의 주요인물

175

5급 II급수한자

한자의 유래
집 면(宀)과 봉(丯)과 구(口)가 합쳐진 한자로 거푸집에서 꺼낸 항아리가 뚜껑이 서로 맞지 않는다는 모양에서 유래되었습니다.

害 해 (宀부)

害害害害害害害害害害 (총 10획)

필순에 따라 빈 칸에 한자를 쓰고 훈과 음을 쓰세요.

害 해할 해					

· 害惡(해악) : 남을 해치는 악한 일.
· 風害(풍해) : 심한 바람으로 생기는 재해.
· 상대, 반의어 : 利(이로울 리)

월   일 확인:

한자의 유래
두 개의 사람 인(亻/人 + 匕)이 합쳐진
한자입니다.

될 **화**(匕부)   化化化化 (총 4획)

필순에 따라 빈 칸에 한자를 쓰고 훈과 음을 쓰세요.

化					
될 화					

교
과
서
한
자

· 變化(변화) : 사물의 모양 · 성질 등이 달라짐.
· 敎化(교화) : 가르치어 감화시킴.

월   일   확인:

한자의 유래
발음을 결정한 교(交)와 손으로 회초리를
들고 본받게 하다는 뜻을 결정한 복(攵)이
합쳐진 한자입니다.

본받을 **효** (攵부)

效 效 效 效 效 效 效 效 效 效 (총 10획)

필순에 따라 빈 칸에 한자를 쓰고 훈과 음을 쓰세요.

效				
본받을 효				

교과서 한자

· 效果(효과) : 보람있는 결과.
· 效用(효용) : 보람있게 쓰거나 쓰임 또는 그런
　　　　　　쓸모.

效 果 效 用

흉할 흉 (凵부)

한자의 유래

구덩이의 모습을 본뜬 감(凵)과 사람의 모습을 본뜬 인(人)이 합쳐져 구덩이에 빠진 사람은 흉하다는 뜻에서 나온 한자입니다.

凵 凵 凶 凶 (총 4획)

필순에 따라 빈 칸에 한자를 쓰고 훈과 음을 쓰세요.

凶					
흉할 흉					

· 凶惡(흉악) : 악하고 모짊.

· 凶年(흉년) : 농작물이 잘 되지 않는 해.

1. 다음 漢字(한자)의 讀音(독음)을 ( )안에 쓰세요.

1) 자신이 한 행동에 責任(   )을 지어야 한다.

2) 그 정도면 充分(   )하다.

3) 아파트보다 마당이 있는 住宅(   )이 좋다.

4) 이 그림은 다빈치의 作品(   )으로 추정된다.

5) 이 책은 必讀書(   )이다.

6) 김정희는 조선후기의 名筆(   )이다.

7) 이 식품에는 有害(   )한 성분이 들어있다.

8) 연천 전곡리에서 구석기 文化(   )를 체험할 수 있다.

9) 그 결정은 절차를 위반하여 無效(   )라고 주장하였다.

10) 점점 凶惡(   )한 일들이 많이 발생하고 있다.

2. 다음 밑줄 친 말과 뜻이 통하는 漢字(한자)를 보기에서 골라 번호를 쓰세요.

보기
① 害 ② 凶 ③ 筆 ④ 必 ⑤ 責
⑥ 宅 ⑦ 品 ⑧ 效 ⑨ 化 ⑩ 充

1) 그는 맡은 직책을 성실히 수행하였다. (　　　)

2) 이것만으로도 충분하다. (　　　)

3) 물건은 품질이 무엇보다 중요하다. (　　　)

4) 필기 도구는 항상 지참해야한다. (　　　)

5) 매주 일요일마다 할머니 댁에 안부 전화를 한다. (　　　)

6) 건강은 살아가는 데 필수적이다. (　　　)

7) 남에게 피해를 입히지 않게 행동하자. (　　　)

8) 두통약의 효과가 굉장히 빠르다. (　　　)

9) 이 일은 너무 흉한 일이다. (　　　)

10) 모든 것은 변화한다. (　　　)

1. 다음 漢字語(한자어)의 讀音(독음)을 쓰세요.

1) 問責 (　　　　　)　　　　11) 責望 (　　　　　)

2) 充當 (　　　　　)　　　　12) 充足 (　　　　　)

3) 自宅 (　　　　　)　　　　13) 家宅 (　　　　　)

4) 品質 (　　　　　)　　　　14) 商品 (　　　　　)

5) 必勝 (　　　　　)　　　　15) 必然 (　　　　　)

6) 筆記 (　　　　　)　　　　16) 自筆 (　　　　　)

7) 害惡 (　　　　　)　　　　17) 水害 (　　　　　)

8) 强化 (　　　　　)　　　　18) 敎化 (　　　　　)

9) 效果 (　　　　　)　　　　19) 效用 (　　　　　)

10) 凶年 (　　　　　)　　　　20) 凶家 (　　　　　)

2. 다음 漢字(한자)의 訓(훈)과 音(음)을 쓰세요.

1) 害 (　　　　,　　　　)

2) 凶 (　　　　,　　　　)

3) 筆 (　　　　,　　　　)

4) 必 (　　　　,　　　　)

5) 責 (　　　　,　　　　)

6) 宅 (　　　,　　　)

7) 品 (　　　,　　　)

8) 效 (　　　,　　　)

9) 化 (　　　,　　　)

10) 充 (　　　,　　　)

3. 다음 질문에 맞는 漢字(한자)를 보기에서 골라 번호를 쓰세요.

보기
① 責　② 充　③ 宅　④ 品　⑤ 必
⑥ 筆　⑦ 害　⑧ 化　⑨ 效　⑩ 凶

1) 室과 비슷한 의미를 가진 한자는?

2) 物와 비슷한 의미를 가진 한자는?

3) 利와 상대의 의미를 가진 한자는?

4) 花와 音은 같으나 뜻이 다른 한자는?

5) 大書特(　　　　)(큰 글씨로 써서 누구나 알 수 있게 여론화 함)에 들어갈 한자는?

6) 百藥無(　　　　　　)(좋은 약을 다써보아도 낳지 않음)에 들어갈 한자는?

4. 다음 밑줄 친 단어를 漢字(한자)로 쓰세요.

1) 이 영화는 어린이들의 호기심을 <u>충족</u>시켰다. (　　　　　)

2) 우연도 자주 반복되면 <u>필연</u>이라고도 한다. (　　　　　)

3) 이 번 실수로 선생님으로부터 <u>책망</u>을 받았다. (　　　　　)

4) 작년 농사는 <u>흉작</u>이었지만 올해 농사는 풍작이다. (　　　　　)

5. 다음 뜻에 맞는 한자를 보기에서 고르시오.

| 보기 | ① 重責 | ② 筆頭 | ③ 宅地 |
| | ④ 公害 | ⑤ 充實 | |

1) 중대한 책임 (　　　　　)

2) 속이 차서 실속이 있음 (   )

3) 집터, 집을 지을 땅 (   )

4) 맨 처음, 단체의 주요인물, 붓의 끝 (   )

5) 산업발달에 따라 발생하는 여러 가지 피해 (   )

6. 害(해할 해)를 쓰는 순서에 맞게 각 획에
번호를 쓰세요.

事必歸正 (사필귀정)

무슨 일이든 결국 올바른 이치대로 되고 만다는 뜻입니다.

❖ 事: 일 사, 必: 반드시 필, 歸: 돌아갈 귀, 正: 바를 정

186

○ 다음 漢字語(한자어)의 讀音(독음)을 쓰세요. (1~50)

〈보기〉 漢字 → 한자

1. 舊式 ⇨   2. 風速 ⇨

3. 物價 ⇨   4. 永遠 ⇨

5. 價格 ⇨   6. 讀書 ⇨

7. 道具 ⇨   8. 生色 ⇨

9. 觀念 ⇨   10. 新式 ⇨

11. 利己 ⇨   12. 分數 ⇨

13. 鮮明 ⇨   14. 對答 ⇨

15. 生鮮 ⇨   16. 每番 ⇨

17. 偉大 ⇨   18. 開放 ⇨

19. 性格 ⇨   20. 所信 ⇨

21. 流行 ⇨   22. 靑春 ⇨

23. 當到 ⇨   24. 別名 ⇨

25. 基本 ⇨   26. 代身 ⇨

27. 多情 ⇨   28. 安全 ⇨

29. 能動 ⇨   30. 同生 ⇨

31. 使臣 ⇨　　　　　　　32. 心身 ⇨

33. 神仙 ⇨　　　　　　　34. 作業 ⇨

35. 約束 ⇨　　　　　　　36. 放學 ⇨

37. 法典 ⇨　　　　　　　38. 太陽 ⇨

39. 責任 ⇨　　　　　　　40. 病室 ⇨

41. 到着 ⇨　　　　　　　42. 先後 ⇨

43. 參戰 ⇨　　　　　　　44. 時間 ⇨

45. 藥材 ⇨　　　　　　　46. 現代 ⇨

47. 財産 ⇨　　　　　　　48. 登場 ⇨

49. 商店 ⇨　　　　　　　50. 家庭 ⇨

○ 다음 漢字(한자)의 訓(훈)과 음(음)을 쓰세요. (51~90)

〈보기〉 字 → 글자자

51. 課 ⇨　　　　　　　52. 直 ⇨

53. 觀 ⇨　　　　　　　54. 靑 ⇨

55. 告 ⇨　　　　　　　56. 始 ⇨

57. 客 ⇨　　　　　　　58. 植 ⇨

59. 德 ⇨　　　　　　　60. 米 ⇨

61. 雨 ⇨

62. 溫 ⇨

63. 商 ⇨

64. 戰 ⇨

65. 法 ⇨

66. 祖 ⇨

67. 仙 ⇨

68. 園 ⇨

69. 旅 ⇨

70. 愛 ⇨

71. 良 ⇨

72. 勞 ⇨

73. 頭 ⇨

74. 首 ⇨

75. 發 ⇨

76. 關 ⇨

77. 速 ⇨

78. 束 ⇨

79. 向 ⇨

80. 舊 ⇨

81. 席 ⇨

82. 效 ⇨

83. 鮮 ⇨

84. 養 ⇨

85. 陸 ⇨

86. 知 ⇨

87. 福 ⇨

88. 質 ⇨

89. 奉 ⇨

90. 類 ⇨

⊙ **다음 밑줄 친 말에 알맞은 漢字語(한자어)를 (   )안에 쓰세요. (91~110)**

91. 동생 병(   )이 빨리 나아야 할 텐데.

92. <u>훈장</u>(   )선생님의 말씀은 늘 옳으셔!

93. <u>실수</u>(   )는 누구나 할 수 있는 것이다.

94. 이번에 걸리버가 <u>소인</u>(   )들이 사는 나라로 여행을 갔다.

95. 이곳이 바로 우리들이 가야 할 <u>장소</u>(   )이다.

96. <u>청춘</u>(   )은 아름다워!

97. 내일이면 여름 <u>방학</u>(   )이다.

98. <u>신체</u>(   )가 건강해야 마음도 건강해진다.

99. 지하철 한 <u>구간</u>(   )의 요금이 얼마니?

100. <u>선후</u>(   )를 잘 따져 일해라!

101. 네 <u>별명</u>(   )은 뭐니?

102. 너무 <u>신식</u>(   )만 좋아하는 거 아니니?

103. <u>형체</u>(   )도 없이 사라졌다.

104. <u>내년</u>(   )이면 나도 중학생이다.

105. 그 나라의 <u>백성</u>(   )들은 임금님을 존경했다.

106. <u>남북</u>(   )으로 나뉘어진 나라는 이제 우리나라밖에 없다.

107. 방금 <u>식사</u>(   )를 마쳤다.

108. 무슨 <u>명목</u>(   )으로 그런 일을 하였느냐?

109. 여기가 우리 <u>본부</u>(   )다.

110. 내 <u>동생</u>(   )이 이번에 반에서 1등 했다.

다음 글의 뜻에 맞는 한자어를 보기에서 고르세요. (111~115)

〈보기〉 ① 廣大   ② 鮮明   ③ 勞動   ④ 德行   ⑤ 陸路

111. 산뜻하고 밝음

112. 어질고 착한 행실

113. 넓고 큼

114. 몸을 움직여 일을 함

115. 육상의 길

다음 漢字(한자) 중 비슷한 뜻의 漢字(한자)를 고르세요.(116~120)

116. 觀 (   ) 1)見 2)關 3)元 4)園

117. 地 (   ) 1)偉 2)陸 3)約 4)法

118. 首 (   ) 1)體 2)任 3)數 4)頭

119. 偉 (   ) 1)屋 2)番 3)太 4)曜

120. 福 (   ) 1)幸 2)害 3)習 4)勞

다음 漢字의 相對語(상대어) 또는 反意語(반의어)를 고르세요.(121~125)

121. 害 (   ) 1)效 2)利 3)理 4)里

122. 客 (   ) 1)主 2)念 3)獨 4)束

123. 着 (　　　) 1)價　2)速　3)發　4)參

124. 切 (　　　) 1)材　2)到　3)話　4)結

125. 獨 (　　　) 1)流　2)類　3)光　4)觀

○ 다음 빈 칸에 알맞은 漢字(한자)를 보기에서 고르세요.(126~130)

〈보기〉　①見　　②傳　　③變　　④團　　⑤決

126. 以心(　　　)心

127. (　　　)物生心

128. 大同(　　　)結

129. 速戰速(　　　)

130. 萬古不(　　　)

○ 다음 漢字(한자)와 음(音)은 같으나 뜻이 다른 한자를 고르세요(131~135)

131. 價 (　　　) 1)具　2)歌　3)開　4)着

132. 決 (　　　) 1)結　2)關　3)海　4)害

133. 敬 (　　　) 1)充　2)廣　3)京　4)元

134. 課 (　　　) 1)果　2)實　3)數　4)基

135. 到 (　　　) 1)元　2)遠　3)園　4)圖

○ 다음 漢字(한자)의 필순을 알아보세요 (136~140)

136. 價 (값 가)자에서 화살표가 있는 획은 몇 번째로 쓰나요?

137. 效 (본받을 효)자에서 화살표가 있는 획은 몇 번째로 쓰나요?

138. 相 (서로 상)자에서 화살표가 있는 획은 몇 번째로 쓰나요?

139. 首 (머리 수)자에서 화살표가 있는 획은 몇 번째로 쓰나요?

140. 勞 (일할 로)자에서 화살표가 있는 획은 몇 번째로 쓰나요?

○ 다음 漢字(한자)의 略字(약자)를 쓰세요.(141~145)

141. 關 ⇨

142. 觀 ⇨

143. 廣 ⇨

144. 團 ⇨

145. 傳 ⇨

유의어

상대어 · 반의어

일자다음어, 사자성어

약자, 혼동하기쉬운 한자

8급, 7급, 6급, 5급Ⅱ

◉ 다음 유의어를 읽고, 바르게 따라 써 보세요.

家宅	家(집 가) 宅(집 택)	사람이 사는 집	家宅
計算	計(계산할 계) 算(계산할 산)	수량을 셈, 값을 치름	計算
過失	過(지날 과) 失(잃을 실)	잘못이나 허물	過失
果實	果(과실 과) 實(열매 실)	열매, 먹을 수 있는 나무의 열매	果實
敎訓	敎(가르칠 교) 訓(가르칠 훈)	가르치고 깨우침	敎訓
根本	根(뿌리 근) 本(근본 본)	초목의 뿌리, 사물이 생겨나는 기본	根本
到着	到(이를 도) 着(붙을 착)	목적지에 다다름	到着
道路	道(길 도) 路(길 로)	사람, 차 등이 다닐 수 있게 만든 넓은 길	道路
圖畫	圖(그림 도) 畫(그림 화)	도면과 그림, 그림 그리기	圖畫
文章	文(글월 문) 章(글 장)	글, 문장가	文章
法式	法(법 법) 式(법 식)	법도와 양식, 의식 등의 규칙	法式
法典	法(법 법) 典(법 전)	어떤 법규를 체계적으로 엮은 책	法典
兵士	兵(병사 병) 士(선비 사)	군사	兵士
兵卒	兵(병사 병) 卒(마칠 졸)	군사	兵卒
生産	生(날 생) 産(낳을 산)	인간 생활에 필요한 물품을 만듦	生産
生活	生(날 생) 活(살 활)	사람이나 동물이 일정한 환경에서 활동하며 살아감	生活

⊙ 다음 유의어를 읽고, 바르게 따라 써 보세요.

樹木	樹(나무 수) 木(나무 목)	살아 있는 나무	樹木
身體	身(몸 신) 體(몸 체)	사람의 몸	身體
心情	心(마음 심) 情(뜻 정)	마음 속에 품은 생각과 감정	心情
言語	言(말씀 언) 語(말씀 어)	생각과 느낌을 음성이나 문자로 전달하는 수단	言語
年歲	年(해 년) 歲(해 세)	어른의 나이를 높여 부르는 말	年歲
永遠	永(길 영) 遠(멀 원)	끝없는 세월	永遠
偉大	偉(클 위) 大(큰 대)	매우 뛰어나고 훌륭함	偉大
衣服	衣(옷 의) 服(옷 복)	옷	衣服
正直	正(바를 정) 直(곧을 직)	마음에 거짓이나 꾸밈이 없이 바르고 곧음	正直
知識	知(알 지) 識(알 식)	알고 있는 내용	知識
質問	質(바탕 질) 問(물을 문)	모르는 것이나 의심나는 것을 물음	質問
靑綠	靑(푸를 청) 綠(푸를 록)	푸른 빛을 띤 녹색	靑綠
土地	土(흙 토) 地(땅 지)	사람의 생활과 활동에 이용하는 땅	土地
學習	學(배울 학) 習(익힐 습)	배우고 익힘	學習
海洋	海(바다 해) 洋(큰바다 양)	넓고 큰 바다	海洋
幸福	幸(다행 행) 福(복 복)	만족하여 부족함이나 불만이 없는 상태	幸福

◉ 다음 유의어를 읽고, 바르게 따라 써 보세요.

家	家(집 가)	家	堂	堂(집 당)	堂
古	古(옛 고)	古	舊	舊(예 구)	舊
光	光(빛 광)	光	色	色(빛 색)	色
己	己(몸 기)	己	身	身(몸 신)	身
童	童(아이 동)	童	兒	兒(아이 아)	兒
頭	頭(머리 두)	頭	首	首(머리 수)	首
歷	歷(지날 력)	歷	過	過(지날 과)	過
練	練(익힐 련)	練	習	習(익힐 습)	習
里	里(마을 리)	里	村	村(마을 촌)	村
法	法(법 법)	法	典	典(법 전)	典
三	三(석 삼)	三	參	參(석 삼)	參
書	書(책/글 서)	書	文	文(글월 문)	文
先	先(먼저 선)	先	前	前(앞 전)	前
養	養(기를 양)	養	育	育(기를 육)	育
午	午(낮 오)	午	晝	晝(낮 주)	晝

상대어 · 반의어 학습

◉ 다음 상대 · 반의어를 읽고, 바르게 따라 써 보세요.

강 강 江	⟷	山 뫼 산	강과 산	江山
강할 강 强	⟷	弱 약할 약	강함과 약함	强弱
쓸 고 苦	⟷	樂 즐거울 락	괴로움과 즐거움	苦樂
공 공 功	⟷	過 지날 과	공로와 과실	功過
가르칠 교 敎	⟷	學 배울 학	가르치고 배우는 일	敎學
사내 남 男	⟷	女 계집 녀	남자와 여자	男女
남녘 남 南	⟷	北 북녘 북	남과 북	南北
안 내 內	⟷	外 바깥 외	안과 밖	內外
일할 로 勞	⟷	使 부릴 사	노동자와 사용자	勞使
늙을 로 老	⟷	少 젊을 소	늙음과 젊음	老少
많을 다 多	⟷	少 적을 소	많음과 적음	多少
큰 대 大	⟷	小 작을 소	크고 작음	大小
동녘 동 東	⟷	西 서녘 서	동과 서	東西

물을 문 問	⟷	答 대답할 답	물음과 대답	問答
죽을 사 死	⟷	活 살 활	삶과 죽음	死活
뫼 산 山	⟷	川 내 천	산과 내	山川
윗 상 上	⟷	下 아래 하	위와 아래	上下
날 생 生	⟷	死 죽을 사	삶과 죽음	生死
먼저 선 先	⟷	後 뒤 후	앞 뒤, 먼저와 나중	先後
손 수 手	⟷	足 발 족	손과 발	手足
새 신 新	⟷	舊 예 구	새 것과 헌 것	新舊
마음 심 心	⟷	身 몸 신	마음과 몸	心身
말씀 언 言	⟷	行 행할 행	말과 행동	言行
뭍 육 陸	⟷	海 바다 해	육지와 바다	陸海
멀 원 遠	⟷	近 가까울 근	멀고 가까움	遠近
이로울 리 利	⟷	害 해할 해	이익과 손해	利害

◉ 다음 상대 · 반의어를 읽고, 바르게 따라 써 보세요.

길 장 長	←→	短 짧을 단	길고 짧음	長短
앞 전 前	←→	後 뒤 후	앞과 뒤	前後
아침 조 朝	←→	夕 저녁 석	아침과 저녁	朝夕
할아버지 조 祖	←→	孫 손자 손	할아버지와 손자	祖孫
왼 좌 左	←→	右 오른 우	왼쪽과 오른쪽	左右
주인 주 主	←→	客 손 객	주인과 손님	主客
낮 주 晝	←→	夜 밤 야	낮과 밤	晝夜
하늘 천 天	←→	地 땅 지	하늘과 땅	天地
봄 춘 春	←→	秋 가을 추	봄과 가을	春秋
나갈 출 出	←→	入 들어갈 입	나가고 들어옴	出入
형 형 兄	←→	弟 아우 제	형과 아우	兄弟

◉ 하나의 한자에 여러 가지 소리가 나는 한자를 학습해 보세요.

車	수레 거	自轉車 (자전거)
	수레 차	自動車 (자동차)

金	쇠 금	金曜日 (금요일)
	성 김	金氏 (김씨)

省	덜 생	省略 (생략)
	살필 성	反省 (반성)

便	편할 편	便利 (편리)
	똥오줌 변	便所 (변소)

行	다닐 행	行動 (행동)
	항렬 항	行列 (항렬)

北	북녘 북	南北 (남북)
	달아날 배	敗北 (패배)

畫	그림 화	畫家 (화가)
	그을 획	區畫(劃) (구획)

切	끊을 절	親切 (친절)
	온통 체	一切 (일체)

度	법도 도	法度 (법도)
	헤아릴 탁	度量 (탁량)

惡	악할 악	善惡 (선악)
	미워할 오	憎惡 (증오)

◉ 하나의 한자에 여러 가지 소리가 나는 한자를 학습해 보세요.

洞	고을 동	洞里 (동리)
	밝을 통	洞察 (통찰)

讀	읽을 독	讀書 (독서)
	구절 두	句讀 (구두)

宿	잘 숙	宿所 (숙소)
	별자리 수	星宿 (성수)

識	알 식	知識 (지식)
	기록할 지	標識 (표지)

參	석 삼	參億 (삼억)
	참여할 참	參席 (참석)

說	말씀 설	說明 (설명)
	기쁠 열	說樂 (열락)
	달랠 세	說客 (세객)

宅	집 택	家宅 (가택)
	집 댁	宅內 (댁내)

樂	즐거울 락	樂園 (낙원)
	좋아할 요	樂山樂水 (요산요수)
	음악 악	音樂 (음악)

◉ 다음 한자를 읽고, 따라 써 보세요.

見	物	生	心	見	物	生	心
볼 견	물건 물	날 생	마음 심				

어떤 물건을 보았을 때 욕심이 생기는 것을 말함.

交	友	以	信	交	友	以	信
교우	벗 우	써 이	믿을 신				

세속오계의 하나로 벗은 믿음으로써 사귀어야 함을 이름.

九	死	一	生	九	死	一	生
아홉 구	죽을 사	한 일	날 생				

죽을 고비를 여러 차례 넘기고 겨우 살아남.

東	問	西	答	東	問	西	答
동녘 동	물을 문	서녘 서	대답할 답				

동쪽을 물으니 서쪽을 답한다는 뜻으로 물음에 대하여 엉뚱한 답을 함.

門	前	成	市	門	前	成	市
문 문	앞 전	이룰 성	시장 시				

문 앞이 시장처럼 사람들로 가득 참.

사자성어 학습

⊙ 다음 한자를 읽고, 따라 써 보세요.

百 面 書 生
일백 백 낯 면 글 서 날 생

百 面 書 生

글만 읽어 세상 물정을 모름.

百 發 百 中
일백 백 필 발 일백 백 가운데 중

百 發 百 中

백 번 쏘아 백 번 다 맞힘.

身 土 不 二
몸 신 흙 토 아니 불 두 이

身 土 不 二

몸과 흙은 둘이 아님. 즉 자기가 사는 땅에서 나는 산물이 자기 몸에 맞음.

以 心 傳 心
써 이 마음 심 전할 전 마음 심

以 心 傳 心

마음과 마음으로 뜻을 전함.

人 命 在 天
사람 인 목숨 명 있을 재 하늘 천

人 命 在 天

사람의 목숨은 하늘에 달려 있음.

作 心 三 日
지을 작 마음 심 석 삼 날 일
作 心 三 日
마음 먹은 일이 삼 일을 가지 못함.

草 綠 同 色
풀 초 푸를 록 같을 동 빛 색
草 綠 同 色
서로 같은 위치, 같은 류의 사람들이 함께 행동함.

百 戰 百 勝
일백 백 싸울 전 일백 백 이길 승
百 戰 百 勝
백 번 싸워 백 번 모두 이김. 싸울 때마다 승리함을 뜻함.

父 傳 子 傳
아비 부 전할 전 아들 자 전할 전
父 傳 子 傳
대대로 아버지가 아들에게 전함.

不 遠 千 里
아닐 불 멀 원 일천 천 마을 리
不 遠 千 里
천리 길도 멀다하지 않고 찾아 옴.

⊙ 다음 한자의 약자를 써 보세요.

價	価	価	
값 가			

觀	観	観	
볼 관			

關	関	関	
관계할 관			

廣	広	広	
넓을 광			

區	区	区	
구역 구			

舊	旧	旧	
예 구			

國	国	国	
나라 국			

氣	気	気	
기운 기			

團	団	団	
둥글 단			

當	当	当	
마땅 당			

對	対	対	
대할 대			

圖	図	図	
그림 도			

◉ 다음 한자의 약자를 써 보세요.

獨	独	独	
홀로 독			

讀	読	読	
읽을 독			

樂	楽	楽	
즐길 락/음악 악/좋아할 요			

來	来	来	
올 래			

禮	礼	礼	
예도 례/예			

勞	労	労	
일할 로			

萬	万	万	
일만 만			

變	変	変	
변할 변			

發	発	発	
필 발			

數	数	数	
셀 수			

實	実	実	
열매 실			

兒	児	児	
아이 아			

◉ 다음 한자의 약자를 써 보세요.

藥	薬	楽	
약약			

會	会	会	
모일 회			

醫	医	医	
의원 의			

惡	悪	悪	
악할 악			

傳	伝	伝	
전할 전			

戰	戦	戦	
싸울 전			

參	参	参	
석 삼, 참여할 참			

號	号	号	
부를 호			

體	体	体	
몸 체			

學	学	学	
배울 학			

畫	画	画	
그림 화			

혼동하기 쉬운 한자

開	열 개	間	사이 간	聞	들을 문	問	물을 문
各	각각 각	名	이름 명	夕	저녁 석	冬	겨울 동
結	맺을 결	約	맺을 약				
席	자리 석	度	법도 도				
晝	낮 주	書	글 서	畫	그림 화		
右	오른쪽 우	石	돌 석				
廣	넓을 광	黃	누를 황				
敎	가르칠 교	效	본받을 효				
園	동산 원	團	둥글 단	圖	그림 도		
同	같을 동	洞	고을 동				
待	기다릴 대	特	특별할 특				
種	씨 종	重	무거울 중				
分	나눌 분	今	이제 금				
姓	성 성	性	성품 성				
陽	볕 양	場	마당 장				
任	맡길 임	仕	섬길 사				

第	차례 제	弟	아우 제
族	겨레 족	旅	나그네 려
話	말씀 화	活	살 활
花	꽃 화	化	될 화
百	일백 백	白	흰 백

필순에 따라 한자를 써 보세요.

月
달 월
月 – 총 4획   ノ 刀 月 月

· 月出(월출), 月末(월말)

火
불 화
火 – 총 4획   ` `` ⺌ 火

· 火山(화산), 火災(화재)

水
물 수
水 – 총 4획   ﹀ 기 水 水

· 水道(수도), 水軍(수군)

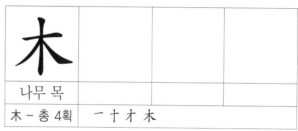

木
나무 목
木 – 총 4획   一 十 才 木

· 木材(목재), 木手(목수)

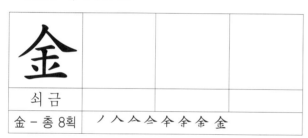

金
쇠 금
金 – 총 8획   ノ 人 스 슥 수 余 金 金

· 年金(연금)

土
흙 토
土 – 총 3획   一 十 土

· 土木(토목), 土地(토지)

日
날 일
日 – 총 4획   l 冂 日 日

· 日記(일기), 日出(일출)

小
작을 소
小 – 총 3획   亅 小 小

상대 · 반의어 : 大(큰 대)

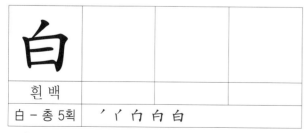

白
흰 백
白 – 총 5획   ノ 亻 白 白 白

동음이의어 : 百(일백 백)

山
뫼 산
山 – 총 3획   l 山 山

· 山林(산림), 山水(산수)

필순에 따라 한자를 써 보세요.

한 일
一 - 총 1획   一
· 一年(일년), 一生(일생)

두 이
二 - 총 2획   一二
· 二十(이십), 二世(이세)

석 삼
一 - 총 3획   一二三
· 三寸(삼촌), 三國(삼국)

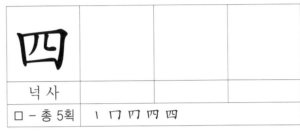

넉 사
口 - 총 5획   丨冂冂四四
· 四方(사방), 四寸(사촌)

다섯 오
二 - 총 4획   一丁五五
· 五感(오감), 五行(오행)

여섯 육
八 - 총 4획   丶亠六六
· 六感(육감), 六月(유월)

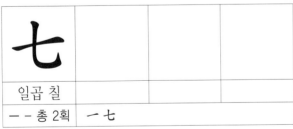

일곱 칠
一 - 총 2획   一七
· 七夕(칠석)

여덟 팔
八 - 총 2획   丿八
· 八道(팔도), 八月(팔월)

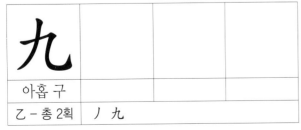

아홉 구
乙 - 총 2획   丿九
· 九死一生(구사일생)

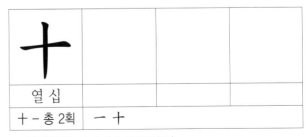

열 십
十 - 총 2획   一十
· 十月(시월), 十中八九(십중팔구)

필순에 따라 한자를 써 보세요.

東		
동녘 동		
木 − 총 8획	一 丆 亐 亐 申 東 東 東	

· 東海(동해), 東大門(동대문)

西		
서녘 서		
西 − 총 6획	一 丆 丆 丙 西 西	

· 西洋(서양), 西山(서산)

南		
남녘 남		
十 − 총 9획	一 十 十 丙 丙 丙 南 南 南	

상대 · 반의어 : 北(북녘 북)

北		
북녘 북/달아날 배		
ヒ − 총 5획	丨 丬 丬 扌 北	

상대 · 반의어 : 南(남녘 남)

大		
큰 대		
大 − 총 3획	一 ナ 大	

상대 · 반의어 : 小(작을 소)

韓		
나라 한		
韋 − 총 17획	一 十 廿 古 古 directory 卓 卓 朝 朝 朝 韓 韓 韓 韓	

· 韓國(한국)

民		
백성 민		
氏 − 총 5획	一 写 戸 戸 民	

· 民主(민주), 民心(민심)

國		
나라 국		
囗 − 총 11획	丨 冂 冂 冂 同 同 同 国 國 國 國	

· 國民(국민), 國家(국가)

女		
계집 녀		
女 − 총 3획	乂 女 女	

· 女王(여왕), 女軍(여군)

軍		
군사 군		
車 − 총 9획	冖 冖 厈 写 軍 軍 軍 軍 軍	

· 軍人(군인), 軍歌(군가)

필순에 따라 한자를 써 보세요.

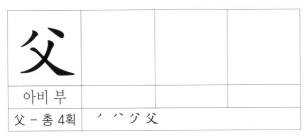

· 父母(부모), 父子(부자)

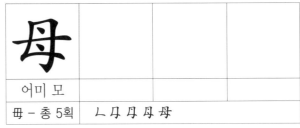

· 母女(모녀)   · 상대 · 반의어 : 父(아비 부)

· 兄弟(형제), 兄夫(형부)

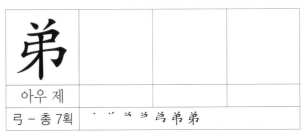

· 弟子(제자)   · 상대 · 반의어 : 兄(형 형)

· 外國(외국)   · 상대 · 반의어 : 內(안 내)

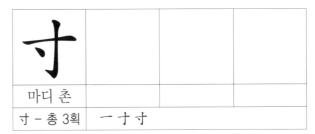

· 外三寸(외삼촌)

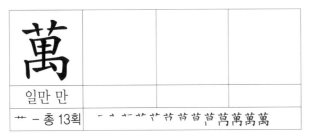

· 萬人(만인), 萬百姓(만백성)

· 人口(인구), 人間(인간)

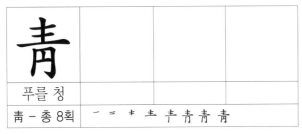

· 靑年(청년), 靑山(청산)

年
해 년
干 – 총 6획   ノ ヒ ヒ ヒ 午 年

· 少年(소년), 生年月日(생년월일)

필순에 따라 한자를 써 보세요.

學			
배울 학			
子 – 총 16획	` `ヽ`ƒ`ƒ`ƒ`ƒ`ƒ`ƒ`臼`臼`臼`臼`學`學`學`學		

· 學生(학생)   · 상대 · 반의어 : 敎(가르칠 교)

長			
길 장			
長 – 총 8획	`一` `T` `F` `F` `튼` `틌` `長` `長		

· 校長(교장), 長男(장남)

室			
집 실			
宀 – 총 9획	`丶` `丶` `宀` `宀` `宎` `宏` `宊` `室` `室		

· 敎室(교실)

門			
문 문			
門 – 총 8획	`丨` `冂` `冃` `冃` `冃` `門` `門` `門		

· 大門(대문)

生			
날 생			
生 – 총 5획	`丿` `ㅏ` `ㅏ` `生` `生		

· 生水(생수)

校			
학교 교			
木 – 총 10획	`一` `十` `才` `木` `杧` `杧` `枋` `枋` `校` `校		

· 學校(학교), 校長(교장)

敎			
가르칠 교			
攵(攴) – 총 11획	`丿` `ㄨ` `�371` `耂` `孝` `孝` `孝` `敎` `敎` `敎` `敎		

· 敎育(교육)

中			
가운데 중			
丨 – 총 4획	`丨` `冂` `口` `中		

· 中學生(중학생)

先			
먼저 선			
儿 – 총 6획	`丿` `ㅩ` `生` `生` `先` `先		

· 先生(선생)

王			
임금 왕			
玉 – 총 4획	`一` `二` `千` `王		

· 王國(왕국), 王子(왕자)

필순에 따라 한자를 써 보세요.

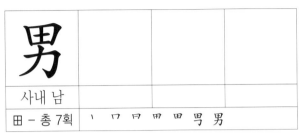

男
사내 남
田 – 총 7획   ╷ ⼞ ⼞ ⽥ ⽥ 罗 男

· 男子(남자)   · 동음이의어 : 南(남녘 남)

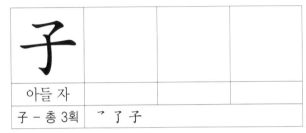

子
아들 자
子 – 총 3획   ⁊ 了 子

· 子女(자녀)   · 동음이의어 : 自(스스로 자)

力
힘 력
力 – 총 2획   ⁊ 力

· 重力(중력)

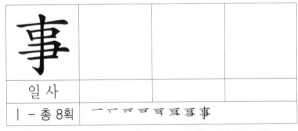

事
일 사
│ – 총 8획   ⁻ ⁻ ⼕ ⼕ 写 写 写 事

· 家事(가사)   · 동음이의어 : 四(넉 사), 死(죽을 사),

自
스스로 자
自 – 총 6획   ′ ⼻ ⼢ ⾃ ⾃ 自

· 自信(자신)   · 동음이의어 : 子(아들 자), 字(글자 자)

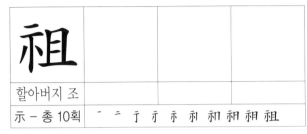

祖
할아버지 조
示 – 총 10획   ⁻ ⁻ ⼿ ⼿ ⽰ ⼿⼀ ⼿⼚ ⼿⼇ ⼿⼌ 祖

· 祖上(조상)   · 동음이의어 : 朝(아침 조)

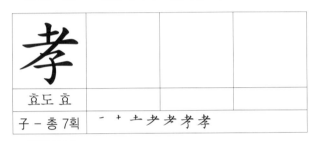

孝
효도 효
子 – 총 7획   ⁻ ⼟ ⼟ 尹 尹 孝 孝

· 孝道(효도)

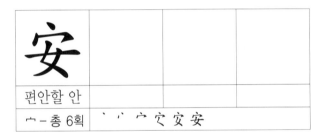

安
편안할 안
宀 – 총 6획   ⁎ ⼣ ⼧ ⼧ 安 安

· 便安(편안)

夫
지아비 부
大 – 총 4획   ⁻ ⁼ ⼿ 夫

· 工夫(공부)   · 동음이의어 : 部(거느릴 부), 父(아비 부)

家
집 가
宀 – 총 10획   ⁎ ⼣ ⼧ 宁 宁 穷 穷 家 家 家

· 家門(가문)   · 동음이의어 : 歌(노래 가)

필순에 따라 한자를 써 보세요.

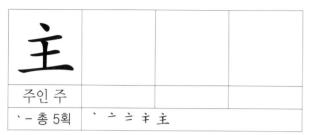

주인 주

`丶` – 총 5획   `丶 一 二 キ 主`

· 主人(주인)   · 동음이의어 : 住(살 주), 注(물댈 주)

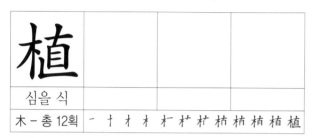

심을 식

木 – 총 12획   `一 十 木 木 杧 杧 枯 柿 柿 植 植 植`

· 植木日(식목일)   · 동음이의어 : 式(법 식), 食(먹을 식)

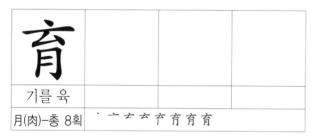

기를 육

月(肉)– 총 8획   `丶 亠 云 云 卉 育 育 育`

· 敎育(교육)

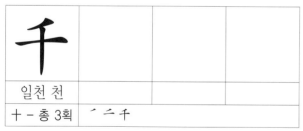

일천 천

十 – 총 3획   `丿 二 千`

· 千軍萬馬(천군만마)   · 동음이의어 : 川(내 천)

낮 오

十 – 총 4획   `丿 仁 二 午`

· 正午(정오)   · 동음이의어 : 五(다섯 오)

저녁 석

夕 – 총 3획   `丿 勹 夕`

· 秋夕(추석)   · 동음이의어 : 石(돌 석), 席(자리 석)

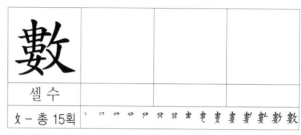

셀 수

攵 – 총 15획   `丶 丷 口 曰 甼 咢 咢 婁 婁 婁 數 數 數 數 數`

· 數學(수학)   · 동음이의어 : 水(물 수), 手(손 수)

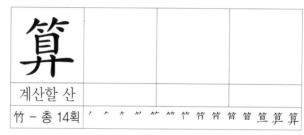

계산할 산

竹 – 총 14획   `丿 ㅅ ㅅ 竹 竹 竹 竹 笪 笪 笪 筲 算 算 算`

· 算數(산수)   · 동음이의어 : 山(뫼 산)

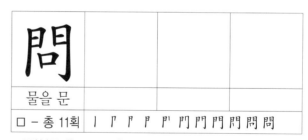

물을 문

口 – 총 11획   `丨 丨 冂 冂 冂 冃 門 門 門 問 問`

· 問答(문답)   · 동음이의어 : 文(글월 문), 門(문 문)

答

대답할 답

竹 – 총 12획   `丿 ㅅ ㅅ 竹 竹 竹 夕 笂 笂 荅 荅 答`

· 對答(대답)   · 상대 · 반의어 : 問(물을 문)

필순에 따라 한자를 써 보세요.

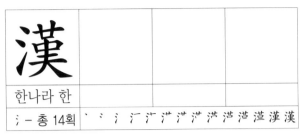

漢 한나라 한
氵 - 총 14획   丶丶氵氵汁汁汁汁汁浩浩漢漢

· 漢字(한자)   · 동음이의어 : 韓(나라 한)

下 아래 하
一 - 총 3획   一丁下

· 地下(지하)   · 동음이의어 : 夏(여름 하)

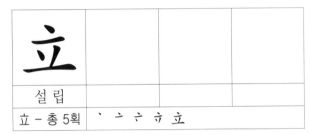

立 설 립
立 - 총 5획   丶亠六立

· 建立(건립)

平 평평할 평
干 - 총 5획   一工石平

· 平行(평행)

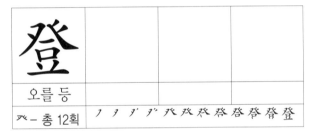

登 오를 등
癶 - 총 12획   フ マ グ ゲ 癶 癶 戏 登 登 登 晉 登

· 登山(등산)   · 동음이의어 : 等(무리 등)

里 마을 리
里 - 총 7획   丨冂ㅁ曰曱甲里

· 里長(이장)   · 동음이의어 : 利(이로울 리)

邑 고을 읍
邑 - 총 7획   丶冂ㅁ甲吊品邑

· 邑內(읍내)   · 유의어 : 洞(고을 동)

洞 고을 동
氵 - 총 9획   丶丶氵汋汋洞洞洞洞

· 洞口(동구)   · 동음이의어 : 東(동녘 동)

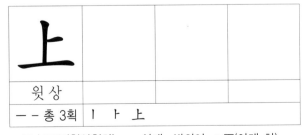

上 윗 상
一 - 총 3획   丨卜上

· 天上天下(천상천하)   · 상대 · 반의어 : 下(아래 하)

旗 깃발 기
方 - 총 14획   丶亠ㅜ方方方㫃㫃旌旌旗旗旗

· 國旗(국기)   · 동음이의어 : 氣(기운 기), 記(기록할 기)

월 일 확인:

필순에 따라 한자를 써 보세요.

姓			
성 성			
女 – 총 8획	𡿨 女 女 女' 女' 女' 姓 姓		

· 姓氏(성씨) · 동음이의어 : 成(이룰 성), 省(살필 성)

字			
글자 자			
子 – 총 6획	丶 丶 宀 宁 字 字		

· 文字(문자) · 동음이의어 : 子(아들 자)

名			
이름 명			
口 – 총 6획	丿 ク 夕 夕 名 名		

· 姓名(성명) · 동음이의어 : 命(목숨 명), 明(밝을 명)

記			
기록할 기			
言 – 총 10획	丶 亠 亠 亠 言 言 言 訁 訂 記		

· 日記(일기) · 동음이의어 : 旗(깃발 기), 氣(기운 기)

文			
글월 문			
文 – 총 4획	丶 亠 ナ 文		

· 文身(문신) · 유의어 : 章(글 장)

世			
세상 세			
一 – 총 5획	一 十 廿 廿 世		

· 世上(세상)

語			
말씀 어			
言 – 총 14획	丶 亠 亠 亠 言 言 言 訁 訂 語 語 語 語 語		

· 國語(국어) · 유의어 : 言(말씀 언), 話(말씀 화)

全			
온전할 전			
入 – 총 6획	丿 入 亼 仐 全 全		

· 安全(안전) · 동음이의어 : 前(앞 전), 戰(싸움 전)

歌			
노래 가			
欠 – 총 14획	一 丆 丆 可 可 哥 哥 哥 哥 哥 哥 歌 歌 歌		

· 歌手(가수) · 동음이의어 : 家(집 가)

來			
올 래			
人 – 총 8획	一 厂 厂 双 双 來 來 來		

· 來日(내일)

필순에 따라 한자를 써 보세요.

하늘 천

大 – 총 4획   一 二 チ 天

· 天國(천국)   · 상대 · 반의어 : 地(땅 지)

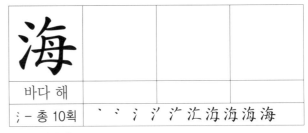

바다 해

氵 – 총 10획   丶 丶 氵 氵 汇 汢 海 海 海 海

· 海洋(해양)

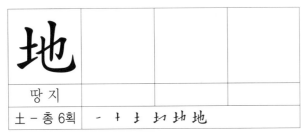

땅 지

土 – 총 6획   一 十 土 圵 圸 地

· 地球(지구)   · 상대 · 반의어 : 天(하늘 천)

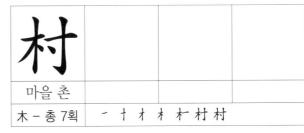

마을 촌

木 – 총 7획   一 十 才 才 朴 村 村

· 江村(강촌)

내 천

《 – 총 3획   丿 刂 川

· 春川(춘천)   · 동음이의어 : 天(하늘 천), 千(일천 천)

풀 초

艹 – 총 10획   一 十 艹 艹 产 苧 苩 昔 苩 草

· 水草(수초)

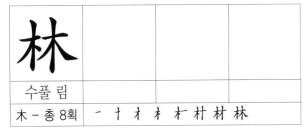

수풀 림

木 – 총 8획   一 十 才 才 木 朴 材 林

· 山林(산림)

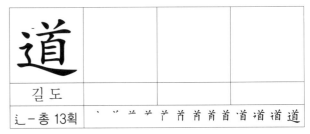

길 도

辶 – 총 13획   丶 丷 丷 产 首 首 首 首 首 首 道 道 道

· 道路(도로)   · 동음이의어 : 度(법도 도), 圖(그림 도)

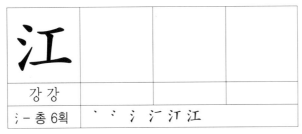

강 강

氵 – 총 6획   丶 丶 氵 氵 江 江

· 漢江(한강)   · 동음이의어 : 强(강할 강)

市

시장 시

巾 – 총 5획   丶 亠 宀 市 市

· 市內(시내)   · 동음이의어 : 始(비로소 시), 時(때 시)

필순에 따라 한자를 써 보세요.

工			
장인 공			

工 – 총 3획 ㅡ 丁 工

· 工具(공구) · 동음이의어 : 空(빌 공), 公(공변될 공)

場			
마당 장			

土 – 총 12획 一 十 土 圹 圹 坦 坦 坦 場 場 場

· 工場(공장) · 동음이의어 : 長(길 장)

手			
손 수			

手 – 총 4획 一 二 三 手

· 手足(수족) · 동음이의어 : 水(물 수), 數(셀 수)

車			
수레 거/차			

車 – 총 7획 一 一 一 一 一 一 車

· 自動車(자동차)

左			
왼 좌			

工 – 총 5획 一 ナ ナ 左 左

· 左右(좌우) · 상대 · 반의어 : 右(오른 우)

右			
오른 우			

口 – 총 5획 ノ ナ 右 右 右

· 左右(좌우) · 상대 · 반의어 : 左(왼 좌)

直			
곧을 직			

目 – 총 8획 一 十 十 市 直 直 直 直

· 直立(직립) · 유의어 : 正(바를 정)

正			
바를 정			

止 – 총 5획 一 丁 下 正 正

· 正門(정문) · 동음이의어 : 定(정할 정)

動			
움직일 동			

力 – 총 11획 一 一 一 一 一 一 一 重 重 動 動

· 運動(운동) · 동음이의어 : 冬(겨울 동), 同(한가지 동)

命			
목숨 명			

口 – 총 8획 ノ 人 스 스 命 命 命 命

· 命令(명령) · 동음이의어 : 名(이름 명), 明(밝을 명)

필순에 따라 한자를 써 보세요.

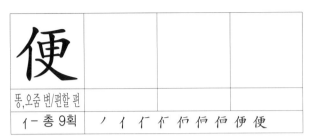

便
똥,오줌 변/편할 편
亻- 총 9획   ノ イ イ′ 仾 佰 佰 価 便 便

· 便紙(편지)

入
들어갈 입
入 - 총 2획   ノ 入

· 入口(입구)   · 상대 · 반의어 : 出(나갈 출)

所
바 소
戶 - 총 8획   ` ` ` ` 尸 戶 所 所 所

· 便所(변소)   · 동음이의어 : 小(작을 소), 消(사라질 소)

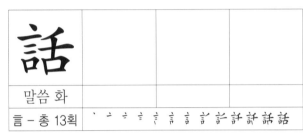

話
말씀 화
言 - 총 13획   ` ` ` 言 言 言 言 訂 訐 許 話 話 話

· 對話(대화)   · 동음이의어 : 火(불 화), 花(꽃 화)

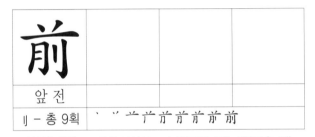

前
앞 전
刂 - 총 9획   ` ` 丷 广 广 芮 前 前 前 前

· 前後(전후)   · 동음이의어 : 全(온전할 전), 戰(싸움 전)

心
마음 심
心 - 총 4획   丶 心 心 心

· 童心(동심)   · 상대 · 반의어 : 身(몸 신)

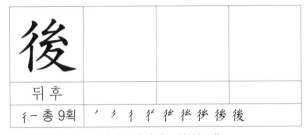

後
뒤 후
亻 - 총 9획   ′ ′ 彳 彳′ 华 华 移 後 後

· 後門(후문)   · 상대 · 반의어 : 前(앞 전)

不
아닐 불/부
一 - 총 4획   一 ア 不 不

· 不足(부족)

出
나갈 출
凵 - 총 5획   丨 屮 屮 出 出

· 出入(출입)   · 상대 · 반의어 : 入(들어갈 입)

紙
종이 지
糸 - 총 10획   ′ ′ 幺 幺 条 糸 糸′ 紅 紅 紙

· 休紙(휴지)   · 동음이의어 : 地(땅 지)

필순에 따라 한자를 써 보세요.

少

적을/젊을 소

小 – 총 4획   ㅣ 小 小 少

· 多少(다소)   · 상대 · 반의어 : 多(많을 다), 老(늙을 로)

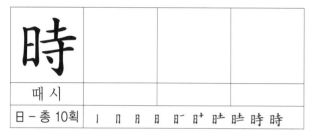

時

때 시

日 – 총 10획   ㅣ 冂 日 日 旷 旷 昈 昈 時 時

· 時間(시간)   · 동음이의어 : 市(시장 시), 始(비로소 시)

老

늙을 로/노

老 – 총 6획   一 十 土 耂 耂 老

· 敬老(경로)   · 상대 · 반의어 : 少(젊을 소)

口

입 구

口 – 총 3획   ㅣ 冂 口

· 入口(입구)   · 동음이의어 : 九(아홉 구), 區(구분할 구)

每

매양/늘 매

母 – 총 7획   ㅣ ㅗ 乍 乍 每 每 每

· 每年(매년)

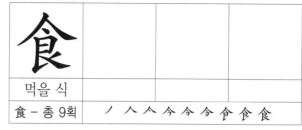

食

먹을 식

食 – 총 9획   ノ 入 入 今 今 今 食 食 食

· 食事(식사)   · 동음이의어 : 式(법 식), 植(심을 식)

活

살 활

氵 – 총 9획   ヽ ヽ 氵 氵 汗 汗 活 活 活

· 生活(생활)   · 상대 · 반의어 : 死(죽을 사)

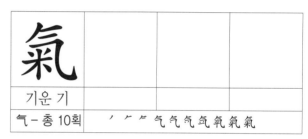

氣

기운 기

气 – 총 10획   ノ 二 乍 气 气 气 氘 氣 氣 氣

活氣(활기)   · 동음이의어 : 旗(깃발 기), 記(기록할 기)

面

낯 면

面 – 총 9획   一 ㄱ 厂 币 而 而 面 面 面

· 反面(반면)

百

일백 백

白 – 총 6획   一 ㄱ 厂 万 百 百

· 百戰百勝(백전백승)· 동음이의어 : 白(흰 백)

필순에 따라 한자를 써 보세요.

空
빌 공
穴 – 총 8획　　丶丶宀宀空空空空

· 空軍(공군)　· 동음이의어 : 工(장인 공), 公(공변될 공)

間
사이 간
門 – 총 12획　　丨丨丨丨丨門門門門問問間

· 間食(간식)

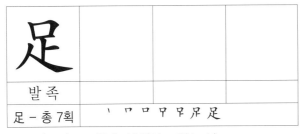

足
발 족
足 – 총 7획　　丨口口口足足足

· 不足(부족)　· 상대 · 반의어 : 手(손 수)

內
안 내
入 – 총 4획　　丨冂内内

· 內衣(내의)　· 상대 · 반의어 : 外(바깥 외)

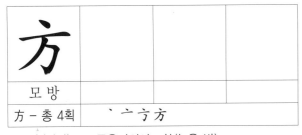

方
모 방
方 – 총 4획　　丶亠方方

· 四方(사방)　· 동음이의어 : 放(놓을 방)

住
머무를/살 주
亻 – 총 7획　　丿亻亻亻住住住

· 住民(주민)　· 동음이의어 : 主(주인 주)

有
있을/가질 유
月 – 총 6획　　丿ナ才有有有

· 有明(유명)

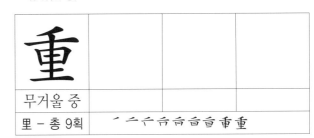

重
무거울 중
里 – 총 9획　　丿二千台台自重重重

· 重力(중력)　· 동음이의어 : 中(가운데 중)

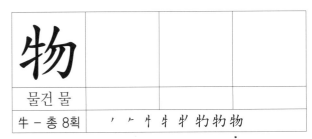

物
물건 물
牛 – 총 8획　　丿丶牛牛牜牧物物

· 動物(동물)

同
한가지 동
口 – 총 6획　　丨冂冂同同同

· 共同(공동)　· 동음이의어 : 冬(겨울 동)

필순에 따라 한자를 써 보세요.

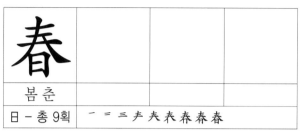

春 봄 춘
日 – 총 9획   一 二 三 夫 夫 表 春 春 春
· 立春(입춘)   · 상대 · 반의어 : 秋(가을 추)

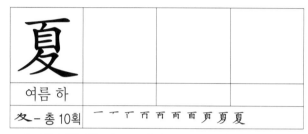

夏 여름 하
夊 – 총 10획   一 一 一 百 百 百 頁 頁 夏 夏
· 春夏秋冬(춘하추동)   · 상대 · 반의어 : 冬(겨울 동)

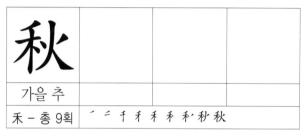

秋 가을 추
禾 – 총 9획   一 二 千 禾 禾 禾 秋 秋 秋
· 秋夕(추석)   · 상대 · 반의어 : 春(봄 춘)

冬 겨울 동
冫 – 총 5획   ノ ク 夂 冬 冬
· 冬服(동복)   · 동음이의어 : 同(한가지 동), 東(동녘 동)

花 꽃 화
艹 – 총 8획   一 十 十 艹 艹 花 花 花
· 花草(화초)   · 동음이의어 : 火(불 화), 和(화합할 화)

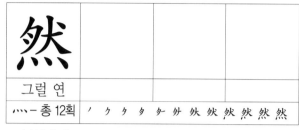

然 그럴 연
灬 – 총 12획   ノ ク タ タ タ 外 狄 狄 狄 然 然 然
· 自然(자연)

電 번개 전
雨 – 총 13획   一 一 一 币 币 雨 雨 雨 雨 電 電 電 電
· 電話(전화)   · 동음이의어 : 全(온전할 전), 前(앞 전)

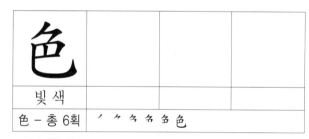

色 빛 색
色 – 총 6획   ノ ク ク 各 各 色
· 靑色(청색)

農 농사 농
辰 – 총 13획   一 口 曰 由 曲 曲 曲 严 严 严 農 農 農
· 農村(농촌)

休 쉴 휴
亻 – 총 6획   ノ 亻 亻 什 休 休
· 休日(휴일)

225

월   일 확인: _ _ _ _ _ _ _ _ _ _

빈 칸에 한자를 써 보세요.

角	角						
뿔 각							
角 - 총 7획	角度(각도)						
各	各						
각각 각							
口 - 총 6획	各色(각색)						
感	感						
느낄 감							
心 - 총 13획	感情(감정)						
強	強						
강할 강							
弓 - 총 12획	強弱(강약)						
開	開						
열 개							
門 - 총 12획	開學(개학)						
京	京						
서울 경							
亠 - 총 8획	上京(상경)						
界	界						
경계 계							
田 - 총 9획	世界(세계)						
計	計						
계산할 계							
言 - 총 9획	計算(계산)						
高	高						
높을 고							
高 - 총 10획	高速(고속)						

빈 칸에 한자를 써 보세요.

苦	苦						
쓸 고							
⺾ – 총 9획 苦難(고난)							
古	古						
옛 고							
口 – 총 5획 古代(고대)		상대·반의어 : 今(이제 금)					
公	公						
공변될 공							
八 – 총 4획 公正(공정)							
功	功						
공/일 공							
力 – 총 5획 成功(성공)							
共	共						
함께 공							
八 – 총 6획 共用(공용)							
科	科						
과목 과							
禾 – 총 9획 科目(과목)		동음이의어 : 課(공부할 과), 過(지날 과)					
果	果						
과실 과							
木 – 총 8획 果樹園(과수원)							
光	光						
빛 광							
⼉ – 총 6획 光線(광선)							
交	交						
사귈 교							
⼇ – 총 6획 外交(외교)							

빈 칸에 한자를 써 보세요.

球 공 구 王/玉 – 총 11획	球 電球(전구)				
區 구역 구 匸 – 총 11획	區 區分(구분)				
郡 고을 군 阝 – 총 10획	郡 郡民(군민)			혼동하기 쉬운 한자 : 軍(군사 군)	
根 뿌리 근 木 – 총 10획	根 根本(근본)				
近 가까울 근 辶 – 총 8획	近 近方(근방)			상대 · 반의어 : 遠(멀 원)	
今 이제 금 人 – 총 4획	今 今年(금년)			상대 · 반의어 : 古(옛 고)	
急 급할 급 心 – 총 9획	急 性急(성급)				
級 등급 급 糸 – 총 10획	級 學級(학급)				
多 많을 다 夕 – 총 6획	多 多讀(다독)			상대 · 반의어 : 少(적을 소)	

빈 칸에 한자를 써 보세요.

短	短						
짧을 단							
矢 – 총 12획	長短(장단)						
堂	堂						
집 당							
土 – 총 11획	食堂(식당)						
代	代						
대신할 대							
亻 – 총 5획	代表(대표)						
對	對						
대할 대							
寸 – 총 14획	對答(대답)						
待	待						
기다릴 대							
亻 – 총 9획	待合室(대합실)						
圖	圖						
그림 도							
口 – 총 14획	地圖(지도)						
度	度						
법도 도/잴 탁							
广 – 총 9획	溫度(온도)						
讀	讀						
읽을 독							
言 – 총 22획	讀書(독서)						
童	童						
아이 동							
立 – 총 12획	童話(동화)						

월   일 확인: _____

빈 칸에 한자를 써 보세요.

頭 머리 두 頁 – 총 16획	頭 ·先頭(선두)							
等 무리 등 竹 – 총 12획	等 等級(등급)							
樂 즐거울 락, 음악 악, 좋아할 요 木 – 총 15획	樂 音樂(음악)							
例 법식 례/예 亻 – 총 8획	例 事例(사례)							
禮 예도 례/예 示 – 총 18획	禮 禮節(예절)							
路 길 로 足 – 총 13획	路 道路(도로)							
綠 푸를 록/녹 糸 – 총 14획	綠 常綠樹(상록수)							
理 다스릴 리 王/玉 – 총 11획	理 理由(이유)							
利 이로울 리 刂 – 총 7획	利 便利(편리)							

빈 칸에 한자를 써 보세요.

李 오얏 리	李						
木 – 총 7획	李氏(이씨)						
明 밝을 명	明						
日 – 총 8획	明堂(명당)						
目 눈 목	目						
目 – 총 5획	題目(제목)						
聞 들을 문	聞						
耳 – 총 14획	新聞(신문)			동음이의어 : 文(글월 문), 問(물을 문)			
米 쌀 미	米						
米 – 총 6획	米飮(미음)						
美 아름다울 미	美						
羊 – 총 9획	美人(미인)						
朴 성 박	朴						
木 – 총 6획	朴氏(박씨)						
反 돌이킬 반	反						
又 – 총 4획	反省(반성)						
半 반 반	半						
十 – 총 5획	過半(과반)						

빈 칸에 한자를 써 보세요.

班 나눌 반 王/玉 - 총 10획	班 班長(반장)						
發 필 발 癶 - 총 12획	發 發射(발사)						
放 놓을 방 攵 - 총 8획	放 開放(개방)						
番 차례 번 田 - 총 12획	番 番號(번호)						
別 다를 별 刂 - 총 7획	別 區別(구별)						
病 병 병 疒 - 총 10획	病 病院(병원)						
服 옷 복 月 - 총 8획	服 洋服(양복)						
本 근본 본 木 - 총 5획	本 本土(본토)						
部 거느릴 부 阝/邑 - 총 11획	部 一部(일부)						

빈 칸에 한자를 써 보세요.

分 나눌 분 刀 – 총 4획	分 區分(구분)							
社 모일 사 示 – 총 8획	社 會社(회사)							
使 부릴 사 亻/人 – 총 8획	使 使用(사용)							
死 죽을 사 歹 – 총 6획	死 九死一生(구사일생)		상대·반의어 : 活(살 활), 生(날 생)					
書 책 / 글 서 日 – 총 10획	書 ·書店(서점)		동음이의어 : 西(서녘 서)					
石 돌 석 石 – 총 5획	石 ·石油(석유)							
席 자리 석 巾 – 총 10획	席 參席(참석)							
線 선 선 糸 – 총 15획	線 曲線(곡선)							
雪 눈 설 雨 – 총 11획	雪 雪花(설화)							

빈 칸에 한자를 써 보세요.

成 이룰 성 戈 - 총 6획 成功(성공)	成						
省 살필 성/ 덜 생 目 - 총 9획 自省(자성)	省						
消 사라질 소 氵/水 - 총 10획 消火(소화)	消						
速 빠를 속 辶 - 총 11획 速度(속도), 高速(고속)	速						
孫 손자 손 子 - 총 10획 孫子(손자)	孫			상대 · 반의어 : 祖(할아버지 조)				
樹 나무 수 木 - 총 16획 植樹(식수)	樹						
術 재주 술 行 - 총 11획 美術(미술)	術						
習 익힐 습 羽 - 총 11획 鍊習(연습)	習						
勝 이길 승 力 - 총 12획 勝利(승리), 百戰百勝(백전백승)	勝						

빈 칸에 한자를 써 보세요.

始 비로소 시	始					
女 – 총 8획	原始人(원시인)					
式 법 식	式					
弋 – 총 6획	禮式(예식)					
信 믿을 신	信					
亻/人– 총 9획	書信(서신)					
身 몸 신	身					
身 – 총 7획	身長(신장), 身體(신체)					
新 새로울 신	新					
斤 – 총 13획	新入(신입)					
神 신 신	神					
示 – 총 10획	神童(신동)					
失 잃을 실	失					
大 – 총 5획	失手(실수)		동음이의어 : **實**(열매 실), **室**(집 실)			
愛 사랑 애	愛					
心 – 총 13획	愛國(애국), 愛情(애정)					
野 들 야	野					
里 – 총 11획	野山(야산), 野球(야구)					

빈 칸에 한자를 써 보세요.

夜 밤 야	夜						
夕 – 총 8획	夜間(야간)			상대·반의어 : 晝(낮 주)			
弱 약할 약	弱						
弓 – 총 10획	弱小國(약소국)			상대·반의어 : 强(강할 강)			
藥 약 약	藥						
++ – 총 19획	藥局(약국), 藥草(약초)			동음이의어 : 約(맺을 약)			
洋 큰바다 양	洋						
氵/水 – 총 9획	西洋(서양)						
陽 볕 양	陽						
ß – 총 11획	夕陽(석양), 陽地(양지)						
言 말씀 언	言						
言 – 총 7획	言行(언행)						
業 일 업	業						
木 – 총 13획	事業(사업)						
英 꽃부리 영	英						
++ – 총 9획	英才(영재)						
永 길 영	永						
水 – 총 5획	永遠(영원)						

빈 칸에 한자를 써 보세요.

溫 따뜻할 온 氵/水- 총 13획	溫						
溫水(온수), 溫度(온도)							
勇 용감할 용 力 - 총 9획	勇						
勇氣(용기)							
用 쓸 용 用 - 총 5획	用						
所用(소용)							
運 움직일 운 辶 - 총 13획	運						
幸運(행운)							
園 동산 원 口 - 총 13획	園						
庭園(정원) · 公園(공원)							
遠 멀 원 辶 - 총 14획	遠						
遠大(원대)　　　　　상대 · 반의어 : 近(가까울 근)							
由 말미암을 유 田 - 총 5획	由						
理由(이유) · 由來(유래)　　동음이의어 : 有(있을 유), 油(기름 유)							
油 기름 유 氵/水- 총 8획	油						
注油所(주유소)							
銀 은 은 金 - 총 14획	銀						
銀行(은행)							

빈 칸에 한자를 써 보세요.

音 소리 음	音					
音 – 총 9획	高音(고음)·讀音(독음)					
飮 마실 음	飮					
食 – 총 13획	飮食(음식)					
意 뜻 의	意					
心 – 총 13획	意志(의지)·合意(합의)					
醫 의원 의	醫				동음이의어 : 意(뜻 의), 衣(옷 의)	
酉 – 총 18획	醫學(의학)					
衣 옷 의	衣					
衣 – 총 6획	衣服(의복)					
者 놈 자	者				동음이의어 : 子(아들 자), 自(스스로 자)	
老 – 총 9획	記者(기자)					
昨 어제 작	昨					
日 – 총 9획	昨年(작년)					
作 지을 작	作				동음이의어 : 昨(어제 작)	
人 – 총 7획	作家(작가)					
章 글 장	章				동음이의어 : 長(길 장), 場(마당 장)	
立 – 총 11획	圖章(도장)					

빈 칸에 한자를 써 보세요.

才 재주 재 才 - 총 3획	才 天才(천재)						
在 있을 재 土 - 총 6획	在 現在(현재)·在學(재학)				동음이의어 : 才(재주 재)		
戰 싸울 전 戈 - 총 16획	戰 作戰(작전)						
庭 뜰 정 广 - 총 10획	庭 校庭(교정)				동음이의어 : 正(바를 정), 定(정할 정)		
定 정할 정 宀 - 총 8획	定 安定(안정)						
第 차례 제 竹 - 총 11획	第 第一(제일)						
題 제목 제 頁 - 총 18획	題 主題(주제)				동음이의어 : 弟(아우 제), 第(차례 제)		
朝 아침 조 月 - 총 12획	朝 朝夕(조석)				상대·반의어 : 夕(저녁 석)		
族 겨레 족 方 - 총 11획	族 家族(가족)				동음이의어 : 足(발 족)		

빈 칸에 한자를 써 보세요.

注 물댈 주	注					
水 – 총 8획	注目(주목)			동음이의어 : 主(주인 주), 住(살 주), 晝(낮 주)		
晝 낮 주	晝					
日 – 총11획	晝間(주간)			상대·반의어 : 夜(밤 야)		
集 모일 집	集					
隹 – 총 12획	集會(집회)					
窓 창 창	窓					
穴 – 총 11획	窓口(창구)					
淸 맑을 청	淸					
水 – 총 11획	食堂(식당)					
體 몸 체	體					
骨 – 총 23획	體育(체육)					
親 친할 친	親					
見 – 총 16획	親舊(친구)·親庭(친정)					
太 클 태	太					
大 – 총 4획	太陽(태양)					
通 통할 통	通					
辶 – 총 11획	通話(통화)·通路(통로)					

빈 칸에 한자를 써 보세요.

特 특별할 특	特					
牛 – 총 10획	特別(특별)					
表 겉 표	表					
衣 – 총 8획	表示(표시) · 表面(표면)					
風 바람 풍	風					
風 – 총 9획	風車(풍차) · 風聞(풍문)					
合 합할 합	合					
口 – 총 6획	合計(합계)					
幸 다행 행	幸					
于 – 총 8획	多幸(다행) · 不幸(불행)					
行 행할 행	行					
行 – 총 6획	行動(행동) · 行軍(행군)					
向 향할 향	向					
口 – 총 6획	方向(방향) · 向學(향학)					
現 이제/나타날 현	現					
王/玉 – 총 11획	現在(현재)					
形 드러날 형	形					
彡 – 총 7획	形體(형체) · 形式(형식)		동음이의어 : 兄(형 형)			

빈 칸에 한자를 써 보세요.

號 부를 호	號				
虍 – 총 13획	國號(국호)				
和 화합할 화	和			동음이의어 : 火(불 화), 花(꽃 화), 畵(그림 화)	
口 – 총 8획	調和(조화) · 和答(화답)				
畵 그림 화	畵				
田 – 총 14획	畵家(화가)				
黃 누를 황	黃				
黃 – 총 12획	黃金(황금)				
會 모일 회	會				
日 – 총 13획	會話(회화)				
訓 가르칠 훈	訓				
言 – 총 10획	訓長(훈장) · 訓育(훈육)				

월   일 확인:

빈 칸에 한자를 써 보세요.

價 값 가	價					
イ/人 - 총 15획	定價(정가), 價格(가격)					
客 손 객	客					
宀 - 총 9획	客席(객석), 客車(객차)		상대·반의어 : 主(주인 주)			
格 격식 격	格					
木 - 총 10획	格言(격언), 合格(합격)					
見 볼 견	見					
見 - 총 7획	見學(견학), 見聞(견문)					
決 결단할 결	決					
氵/水 - 총 7획	決定(결정), 決心(결심)					
結 맺을 결	結					
糸 - 총 12획	結果(결과)					
敬 공경 경	敬					
攵 - 총 13획	敬老(경로), 敬禮(경례)					
告 고할 고	告					
口 - 총 7획	廣告(광고), 告發(고발)					
課 공부할/과정 과	課					
言 - 총 15획	日課(일과), 課長(과장)		동음이의어 : 科(과목 과), 果(실과 과)			

빈 칸에 한자를 써 보세요.

過 지날/허물 과 辶 – 총 13획	過 通過(통과)						
關 관계할 관 門 – 총 19획	關 關門(관문)						
觀 볼 관 見 – 총 25획	觀 觀客(관객), 觀念(관념)						
廣 넓을 광 广 – 총 15획	廣 廣場(광장), 廣告(광고)			동음이의어 : 光(빛 광)			
舊 예 구 臼 – 총 18획	舊 親舊(친구), 舊式(구식)			유의어 : 古(옛 고)			
具 갖출 구 八부 – 총 8획	具 道具(도구), 家具(가구)						
局 판 국 尸 – 총 7획	局 局面(국면), 局地(국지)			동음이의어 : 國(나라 국)			
己 몸 기 己 – 총 16획	己 自己(자기)						
基 터 기 土 – 총 11획	基 基本(기본), 基金(기금)						

빈 칸에 한자를 써 보세요.

念 생각 념	念						
心 - 총 8획	觀念(관념), 通念(통념)						
能 능할 능	能						
月/肉 - 총 10획	能力(능력), 不能(불능)						
團 둥글 단	團						
囗 - 총 14획	團結(단결), 集團(집단)						
當 마땅 당	當						
田 - 총 13획	當然(당연), 當身(당신)						
德 큰 덕	德						
彳 - 총 15획	道德(도덕)						
到 이를 도	到						
刂/刀 - 총 8획	到着(도착), 到來(도래)						
獨 홀로 독	獨						
犭/犬 - 총 16획	獨子(독자), 獨立(독립)						
朗 밝을 랑	朗						
月 - 총 11획	明朗(명랑), 朗讀(낭독)						
良 어질 량	良						
艮 - 총 7획	善良(선량)						

빈 칸에 한자를 써 보세요.

旅 나그네 려	旅							
方 – 총 10획	旅行(여행), 旅客(여객)							
歷 지날 력/역	歷							
止 – 총 16획	歷史(역사), 歷代(역대)							
練 익힐 련/연	練							
糸 – 총 15획	鍊習(연습), 訓鍊(훈련)			유의어 : 習(익힐 습)				
勞 일할 로	勞							
力 – 총 12획	勞力(노력), 勞苦(노고)			상대 · 반의어 : 使(부릴 사)				
類 무리 류	類							
頁 – 총 19획	部類(부류), 人類(인류)							
流 흐를 류	流							
氵/水 – 총 10획	流行(유행), 流水(유수)							
陸 뭍 륙/육	陸							
阝/阜 – 총 10획	陸地(육지), 陸軍(육군)			상대 · 반의어 : 海(바다 해)				
望 바랄 망	望							
月 – 총 11획	望月(망월), 所望(소망)							
法 법 법	法							
氵/水 – 총 8획	無法(무법), 法院(법원)							

빈 칸에 한자를 써 보세요.

變	變				
변할 변					
言 – 총 23획	變動(변동), 變色(변색)				
兵	兵				
병사 병					
八 – 총 7획	兵法(병법), 兵士(병사)		유의어 : 卒(병사/마칠 졸)		
福	福				
복 복					
示 – 총 14획	福音(복음), 福利(복리)				
奉	奉				
받들 봉					
大 – 총 8획	信俸(신봉)				
仕	仕				
섬길 사					
亻/人 – 총 5획	奉仕(봉사), 出仕(출사)		비슷한 모양의 한자 : 任(맡길 임)		
士	士				
선비 사					
士 – 총 3획	名士(명사), 士林(사림)		비슷한 모양의 한자 : 土(흙 토)		
史	史				
사기 사					
口 – 총 5획	史書(사서), 史記(사기)				
産	産				
낳을 산					
生 – 총 11획	産母(산모), 産後(산후)		유의어 : 生(날 생)		
相	相				
서로 상					
目 – 총 9획	相對(상대)				

빈 칸에 한자를 써 보세요.

商 商						
장사 상						
口 – 총 11획	商業(상업), 商高(상고)					
仙 仙						
신선 선						
亻/人 – 총 5획	神仙(신선), 仙女(선녀)					
鮮 鮮						
고울 선						
魚 – 총 17획	生鮮(생선), 新鮮(신선)					
說 說						
말씀 설/달랠 세/기쁠 열						
言 – 총 14획	說明(설명)			유의어 : 話(말씀 화), 語(말씀 어)		
性 性						
성품 성						
忄/心 – 총 8획	性格(성격), 天性(천성)			동음이의어 : 星(별 성), 城(재 성), 盛(성할 성)		
歲 歲						
해 세						
止 – 총 13획	歲月(세월), 年歲(연세)			유의어 : 年(해 년)		
洗 洗						
씻을 세						
氵/水 – 총 9획	洗面(세면)					
束 束						
묶을 속						
木 – 총 7획	束手(속수)					
首 首						
머리 수						
首 – 총 9획	首相(수상), 首都(수도)			유의어 : 頭(머리 두)		

5급 II 한자 복습

월 일 확인:

빈 칸에 한자를 써 보세요.

宿 잘 숙/별자리 수	宿					
宀 – 총 11획	宿所(숙소), 宿命(숙명)					
順 순할 순	順					
頁 – 총 12획	順理(순리), 順序(순서)					
識 알 식/가르칠 지	識					
言 – 총 19획	有識(유식), 識別(식별)					
臣 신하 신	臣					
臣 – 총 6획	臣下(신하), 功臣(공신)					
實 열매 실	實					
宀 – 총 14획	果實(과실), 實名(실명)	유의어 : 果(실과 과)			
兒 아이 아	兒					
儿 – 총 8획	兒童(아동), 小兒(소아)	유의어 : 童(아이 동)			
惡 악할 악/미워할 오	惡					
心 – 총 12획	善惡(선악)	상대·반의어 : 善(착할 선)			
約 맺을 약	約					
糸 – 총 9획	約束(약속), 約定(약정)	동음이의어 : 弱(약할 약), 藥(약 약)			
養 기를 양	養					
食 – 총 15획	養育(양육), 養子(양자)	유의어 : 育(기를 육)			

249

빈 칸에 한자를 써 보세요.

要 要 요긴할 요 西 - 총 9획 / 重要(중요)				
雨 雨 비 우 雨 - 총 8획 / 雨衣(우의)				
友 友 벗 우 又 - 총 4획 / 友情(우정), 交友(교우)				
雲 雲 구름 운 雨 - 총 12획 / 雲集(운집), 雲海(운해)				
元 元 으뜸 원 儿 - 총 4획 / 元氣(원기), 元首(원수) 동음이의어 : 園(동산 원)				
偉 偉 클 위 亻/人 - 총 11획 / 偉人(위인), 偉大(위대) 유의어 : 大(큰 대)				
以 以 써 이 人 - 총 5획 / 以上(이상), 所以(소이)				
任 任 맡길 임 亻/人 - 총 6획 / 任命(임명)				
財 財 재물 재 貝 - 총 10획 / 財産(재산), 財物(재물)				

250

빈 칸에 한자를 써 보세요.

材 재목 재	材				
木 – 총 7획	教材(교재)				
的 과녁 적	的				
白 – 총 8획	公的(공적), 的中(적중)				
典 법 전	典				
八 – 총 8획	法典(법전)				
傳 전할 전	傳				
亻/人 – 총 13획	口傳(구전), 傳說(전설)		동음이의어 : 前 (앞 전), 電 (번개 전), 全 (온전 전)		
展 펼 전	展				
尸 – 총 10획	展望(전망)		동음이의어 : 戰 (싸움 전), 典 (법 전), 傳 (전할 전)		
節 마디 절	節				
竹 – 총 15획	關節(관절), 節約(절약)				
切 끊을 절/온통 체	切				
力 – 총 9획	一切(일체)		동음이의어 : 節 (마디 절)		
店 가게 점	店				
广 – 총 18획	書店(서점)		비슷한 모양의 한자 : 席 (자리 석)		
情 뜻 정	情				
心 – 총 11획	感情(감정), 友情(우정)				

빈 칸에 한자를 써 보세요.

調 고를 조	調				
言 – 총 15획	曲調(곡조), 調節(조절)		동음이의어 : 祖 (할아버지 조), 朝 (아침 조)		
卒 마칠 졸	卒				
十 – 총 8획	卒兵(졸병), 卒業(졸업)				
種 씨 종	種				
禾 – 총 14획	種類(종류), 種子(종자)				
週 주일 주	週				
辶 – 총 12획	週日(주일)		동음이의어 : 住 (살 주), 注 (물댈 주), 晝 (낮 주)		
州 고을 주	州				
巛 – 총 6획	州郡(주군), 光州(광주)		비슷한 모양의 한자 : 川 (내 천)		
知 알 지	知				
矢 – 총 8획	知識(지식), 知性(지성)		유의어 : 識 (알 식)		
質 바탕 질	質				
貝 – 총 15획	性質(성질), 人質(인질)				
着 붙을 착	着				
目 – 총 12획	到着(도착), 着地(착지)				
參 참여할 참/석 삼	參				
厶 – 총 11획	參席(참석)				

빈 칸에 한자를 써 보세요.

責	責				
꾸짖을 책					
貝 – 총 11획	責任(책임), 責望(책망)				
充	充				
채울 충					
儿 – 총 6획	充分(충분), 充實(충실)				
宅	宅				
집 택/댁					
宀 – 총 6획	住宅(주택), 宅地(택지)				
品	品				
물건 품					
口 – 총 9획	品質(품질), 品格(품격)				
必	必				
반드시 필					
心 – 총 5획	必要(필요), 必勝(필승)		비슷한 모양의 한자 : 心 (마음 심)		
筆	筆				
붓 필					
竹 – 총 12획	筆記(필기)		동음이의어 : 必 (반드시 필)		
害	害				
해할 해					
宀 – 총 10획	害惡(해악), 風害(풍해)		상대 · 반의어 : 利 (이로울 리)		
化	化				
될 화					
匕 – 총 4획	强化(강화), 文化(문화)		상대 · 반의어 : 利 (이로울 리)		
效	效			凶	凶
본받을 효			흉할 흉		
攵 – 총 10획	效果(효과), 效用(효용) 동음이의어 : 孝 (효도 효)			凵 – 총 4획 凶年(흉년)	

5급 II

급수한자가 제공하는 한자능력검정시험 대비

모의 한자능력검정시험

▶ 모의 한자능력검정시험을 보기 전에 꼭 읽어 보세요!

1. 모의 한자능력검정시험은 **5급 II 쉽게 따는 급수한자**를 완전히 학습한 후에 실제 시험에 임하는 자세로 풀어 보세요. 특히 각 단원의 마무리 학습을 통해 5급 II과정의 한자를 충분히 학습하세요.

2. 실제 한자능력검정시험 5급 II은 100문제이며, 시험 시간은 50분입니다. 가능하면 실제 시험과 동일한 조건에서 문제를 풀 수 있도록 하세요.

3. 모의 한자능력검정시험의 답은 첨부된 실제 검정시험과 동일한 형식의 답안지에 검정색 필기도구로 표기하세요.

4. **5급 II 쉽게 따는 급수한자**가 제공하는 모의 한자능력검정시험의 문제 유형은 실제 검정시험과 동일하므로 하루에 1회씩 3번에 걸쳐 모의 시험 경험을 쌓는다면 실제 시험에 임할 때 많은 도움이 될 것입니다.

5. 채점은 가능하면 부모님께서 해 주시고, 틀린 부분을 철저히 분석하여 충분한 보충 학습 후 실제 시험에 응시할 수 있게 하세요.

6. 모의 한자능력검정시험의 채점 결과를 통해 평가할 수 있는 내용은 다음과 같습니다.

등급	5급 II 정답수	평가	한자능력검정시험
A	91~100	아주 잘함	축하합니다. 꼭 합격하실 거예요.
B	81~90	잘함	열심히 공부하셨어요.
C	71~80	보통	본 교재를 한번 더 복습하세요.
D	70이하	부족함	많이 노력해야 해요.

※ 5급 II 합격 문항은 70문항입니다.

第1回 漢字能力儉定試驗 5級 II

① 다음 漢字語의 讀音을 쓰세요. (1~35)

<보기> 天地 ⇨ 천지

1. 高價

2. 古今

3. 觀光

4. 開國

5. 客車

6. 郡內

7. 公課金

8. 校歌

9. 廣告

10. 科目

11. 結果

12. 公共

13. 家具

14. 特別

15. 功德

16. 價格

17. 番號

18. 廣大

19. 太陽

20. 關心

21. 成功

22. 藥局

23. 永遠

24. 當到

25. 部長

26. 客地

27. 感動

28. 決定

29. 庭園

30. 萬能

31. 觀念

32. 題目

33. 敬禮

34. 兵法

35. 人類

② 다음 漢字의 訓과 音을 쓰세요. (36~58)

<보기> 天 ⇨ 하늘 천

36. 見   37. 現

38. 敬   39. 過

40. 獨   41. 旅

42. 根   43. 望

44. 仕   45. 相

46. 體   47. 性

48. 束   49. 識

50. 線   51. 約

52. 雲   53. 的

54. 調   55. 旗

56. 質   57. 充

58. 效

③ 다음 밑줄 친 단어에 알맞은 漢字語를 쓰세요. (59~78)

59. 축구는 서로 간에 공간 확보가 중요해!

60. 공공의 이익을 위해 지켜야할 질서가 있다.

61. 남녀를 차별하는 것은 편견이다.

62. 세상에는 동물과 식물이 고루 살아가고 있다.

63. 대화의 기본은 말하는 것이 아니라 들어주는 것이다.

64. 이런 방법은 과학적으로 검증되지 않은 민간요법이다.

65. 목수아저씨의 나무 다루는 솜씨는 매우 뛰어나다.

66. 부동 자세는 너무 힘들어.

67. 정확한 <u>성</u>명을 나에게 말해 봐!

68. 패색이 짙어갔지만 그는 <u>사</u>력을 다 해 열심히 뛰었다.

69. 작은 선물로 너무 <u>생색</u>내는 거 아냐?

70. 어떤 일이든 <u>소신</u>을 가지고 열심히 해라!

71. 운동은 <u>심신</u>을 고루 건강하게 한다.

72. 학교에서 내 별명은 <u>왕자</u>다.

73. 야생동물도 우리가 보호해야 할 대 <u>상</u>이다.

74. <u>연</u>간 잠자는 시간을 계산하면 굉장 히 많은 시간이다.

75. 열심히 노력하면 <u>정직</u>한 결과를 가 져온다.

76. 다음 시간은 <u>체육</u>시간이다.

77. 농사는 풍<u>토</u>에 맞게 지어야한다.

78. 이 곳은 해<u>양</u>으로 진출하기 유리한 지역이다.

④ 다음 漢字의 상대 또는 반의어를 골라 번

호를 쓰세요.(79~81)

79. 强 ⇨ ①小 ②大 ③少 ④弱
80. 陸 ⇨ ①白 ②朝 ③海 ④和
81. 獨 ⇨ ①先 ②類 ③出 ④天

⑤ ( )에 들어갈 알맞은 漢字를 보기에서 고르세요.(82~85)

<보기> ①團 ②才 ③變 ④傳 ⑤書
⑥見 ⑦能 ⑧筆 ⑨友 ⑩效
⑪答 ⑫發

82. 以心(   )心(마음과 마음으로 뜻 을 전함)

83. (   )物生心(어떤 물건을 보았을 때 욕심이 생기는 것을 말함)

84. 交(   )以信(벗은 믿음으로서 사 귀어야 함)

85. 白面(   )生(글만 읽어 세상물정 을 모름)

⑥ 다음 漢字와 뜻이 비슷한 漢字를 골라

번호를 쓰세요.(86~88)

86. 法 ⇨ ① 席 ② 式 ③ 明 ④ 財

87. 兵 ⇨ ① 王 ② 族 ③ 卒 ④ 産

88. 年 ⇨ ① 歲 ② 具 ③ 口 ④ 史

7 다음 漢字와 音은 같으나 뜻이 다른 漢字를 고르세요.(89~91)

89. 價 ⇨ ① 結 ② 歌 ③ 決 ④ 己

90. 說 ⇨ ① 雪 ② 花 ③ 畵 ④ 化

91. 敬 ⇨ ① 必 ② 筆 ③ 京 ④ 參

8 다음의 뜻에 어울리는 한자를 보기에서 고르세요.(92~94)

<보기> ① 結果 ② 必然 ③ 農具
④ 古今 ⑤ 定着

92. 어떤 까닭으로 생긴 결말

93. 농사를 짓는데 쓰이는 기구

94. 옛날과 지금

9 .다음 漢字의 필순을 알아보세요.(95~97)

95. 客 (손 객)자에서 화살표가 있는 획은 몇 번째로 쓰나요?

96. 變 (변할 변)자에서 화살표가 있는 획은 몇 번째로 쓰나요?

97. 漢字의 필순이 잘못된 것을 고르세요.

① 性 性 性 性 性 性 性

② 臣 臣 臣 臣 臣 臣

③ 雨 雨 雨 雨 雨 雨 雨 雨

④ 以 以 以 以 以

10 다음 漢字의 略字(획수를 줄인 漢字)를 쓰세요.(98~100)

98. 廣

99. 獨

100. 關

第2回 漢字能力儉定試驗 5級 II

① 다음 漢字語의 讀音을 쓰세요. (1~35)

<보기> 天地 ⇨ 천지

1. 歷史

2. 文物

3. 福利

4. 名目

5. 奉仕

6. 登山

7. 生鮮

8. 名分

9. 新舊

10. 發病

11. 過當

12. 工夫

13. 功勞

14. 農事

15. 陸路

16. 過失

17. 紙面

18. 神仙

19. 通路

20. 交流

21. 力道

22. 旅行

23. 手術

24. 生産

25. 算數

26. 使臣

27. 野生

28. 約束

29. 同生

30. 知識

31. 立法

32. 教室

33. 基本

34. 能動

35. 首相

② 다음 漢字의 訓과 音을 쓰세요. (36~58)

<보기> 天 ⇨ 하늘 천

36. 決　　　37. 告

38. 能　　　39. 朗

40. 名　　　41. 各

42. 練　　　43. 變

44. 士　　　45. 鮮

46. 住　　　47. 歲

48. 順　　　49. 臣

50. 養　　　51. 活

52. 以　　　53. 傳

54. 種　　　55. 部

56. 着　　　57. 必

58. 凶

③ 다음 밑줄 친 단어에 알맞은 漢字語를
쓰세요. (59~78)

59. 너 너무 고급스러운 것만 좋아하는 것
아니니?

60. 넌 너무 한 과목에만 집중하는 거 아
니니?

61. 그는 공부를 열심히 하였다.

62. 이 농로를 따라가면 우리 논이 나온다.

63. 내가 다니는 학교는 우리 도시의 명문
학교이다.

64. 문명의 발달로 인간의 삶은 풍족해졌다.

65. 부모님은 늘 나를 사랑하신다.

66. 나는 세상에서 우리 엄마를 가장 사랑
한다.

67. 실수에 너무 겁을 먹지마라!

68. 겨울이 오면 우리 동네 앞산은 <u>설산</u>이 된다.

69. 요즘은 <u>시간</u>이 돈이다.

70. <u>역도</u>는 힘든 운동이다.

71. <u>야간</u>에 작업하는 것은 너무 힘들어.

72. 무슨 일이든 <u>안전</u>이 우선이다.

73. 이 물건의 <u>주인</u>이 너니?

74. 환기를 위해 <u>창문</u>을 활짝 열자!

75. 이 물건은 <u>특별</u>히 조심해서 다루어야 한다.

76. 지도는 지구의 <u>표면</u>상태를 일정한 비율로 줄여 기호로 나타낸 그림이다.

77. 중학교부터 교복을 입는데 여름에 입는 교복을 <u>하복</u>이라고 한다.

78. 태곤이는 언제나 <u>활기</u>가 넘친다.

④ 다음 漢字의 상대 또는 반의어를 골라 번호를 쓰세요. (79~81)

79. 害 ⇨ ① 利 ② 短 ③ 長 ④ 晝

80. 舊 ⇨ ① 生 ② 土 ③ 古 ④ 新

81. 朝 ⇨ ① 夕 ② 年 ③ 室 ④ 地

⑤ ( )에 들어갈 알맞은 漢字를 보기에서 고르세요. (82~85)

<보기> ① 團 ② 才 ③ 變 ④ 傳 ⑤ 書
⑥ 見 ⑦ 能 ⑧ 筆 ⑨ 友 ⑩ 效
⑪ 答 ⑫ 發

82. ( )小( )大(큰 일이나 작은 일이나 능하게 처리함)

83. 大同( )結(큰 목적을 위해 하나로 뭉침)

84. 萬古不( )(오랜 시간이 지나도 변하지 않음)

85. 東問西( )(동쪽으로 물으니 서쪽으로 대답한다. 즉, 물음에 대하여 엉뚱한 답을 함)

⑥ 다음 漢字와 뜻이 비슷한 漢字를 골라 번호를 쓰세요. (86~88)

86. 識 ⇨ ① 說 ② 使 ③ 兒 ④ 知

87. 朗 ⇨ ①樹 ②明 ③識 ④惡

88. 實 ⇨ ①元 ②室 ③果 ④望

7 다음 漢字와 音은 같으나 뜻이 다른 漢字를 보기에서 고르세요. (89~91)

89. 課 ⇨ ①科 ②着 ③質 ④展

90. 約 ⇨ ①德 ②獨 ③藥 ④讀

91. 舊 ⇨ ①鍾 ②具 ③週 ④要

8 다음의 뜻에 어울리는 한자를 보기에서 고르세요. (92~94)

<보기> ①調和 ②親切 ③歷史
④大望 ⑤道德

92. 인간 사회가 거쳐온 변천의 모습 또는 그 기록

93. 큰 희망

94. 사람으로서 마땅히 지켜야할 도리

9 다음 漢字의 필순을 알아보세요. (95~97)

95. 歲 (해 세)자에서 화살표가 있는 획은 몇 번째로 쓰나요?

96. 宿 (잘 숙)자에서 화살표가 있는 획은 몇 번째로 쓰나요?

97. 漢字의 필순이 잘못된 것을 고르세요.
① 卒 卒 卒 卒 卒 卒 卒 卒
② 必 必 必 必 必
③ 知 知 知 知 知 知 知 知
④ 州 州 州 州 州 州

10 다음 漢字의 略字(획수를 줄인 漢字)를 쓰세요. (98~100)

98. 舊

99. 價

100. 勞

第3回 漢字能力儉定試驗 5級 II

① 다음 漢字語의 讀音을 쓰세요. (1~35)

<보기> 天地 ⇨ 천지

1. 友愛
2. 發生
3. 洗車
4. 來年
5. 宿食
6. 死線
7. 雨衣
8. 對答
9. 性格
10. 食堂
11. 友情
12. 每番
13. 偉大
14. 代身
15. 節電
16. 運動
17. 調節
18. 遠近
19. 卒業
20. 場所
21. 育兒
22. 强弱
23. 財産
24. 祖上
25. 法典
26. 朝夕
27. 商業
28. 始作
29. 說明
30. 勇氣
31. 歲月
32. 果實
33. 品質
34. 害惡
35. 責望

② 다음 漢字의 訓과 音을 쓰세요. (36~58)

<보기> 天 ⇨ 하늘 천

36. 格
37. 苦
38. 結
39. 課
40. 團
41. 良
42. 會
43. 陸
44. 奉
45. 急

46. 産　　47. 說

48. 洗　　49. 植

50. 直　　51. 首

52. 惡　　53. 要

54. 任　　55. 情

56. 週　　57 責

58. 害

③ 다음 밑줄 친 단어에 알맞은 漢字語를 쓰세요. (59~78)

59. 계산은 정확하게!

60. 내 꿈은 멋진 군인이 되는 것이다.

61. 교실에서 그렇게 떠들면 안되지.

62. 너무 빨리 대답하지만 말고 깊이 한 번 생각해 봐!

63. 도로가 잘 닦여져 다니기 편하다.

64. 너는 매번 그렇게 적극적이니?

65. 정확한 병명이 뭐니!

66. 내가 가 본 곳 중에서 세계에서 이 곳이 가장 아름다운 곳이다.

67. 성공은 노력한 사람에게 돌아오는 것이다.

68. 자! 지금부터 시작이다.

69. 나무는 식목일에만 심는 것이 아니다.

70. 오늘 저녁은 외식이다.

71. 인간은 만물의 영장이다.

72. 불의에 대한 용기가 참된 용기이다.

73. 실내온도를 적당히 조절해야 한다.

74. 은행은 많은 사람들로 북적거렸다.

75. 정원에는 많은 꽃들이 피어있었다.

76. 그는 처음 보는 사람에게도 친근하게 굴었다.

77. 표현의 자유를 소중히 지켜야 한다.

78. 큰 사고임에도 불구하고 다행히 사상자가 발생하지는 않았다.

④ 다음 漢字의 상대 또는 반의어를 골라 번호를 쓰세요. (79~81)

79. 客 ⇨ ① 主 ② 畫 ③ 州 ④ 週

80. 苦 ⇨ ① 性 ② 情 ③ 姓 ④ 樂

81. 着 ⇨ ① 惡 ② 兵 ③ 發 ④ 卒

5 ( )에 들어갈 알맞은 漢字를 보기에서 고르세요. (82~85)

<보기> ① 團 ② 才 ③ 變 ④ 傳 ⑤ 書
⑥ 見 ⑦ 能 ⑧ 筆 ⑨ 友 ⑩ 效
⑪ 答 ⑫ 發

82. 多( )多能 (재주와 능력이 많음)

83. 大書特( ) (큰 글씨로 써서 누구나 알 수 있게 여론화 함)

84. 百藥無( ) (좋은 약을 다 써보아도 낮지 않음)

85. 百( )百中 (백번 쏘아 백 번 다 맞힘)

6 다음 漢字와 뜻이 비슷한 漢字를 골라 번호를 쓰세요. (86~88)

86. 到 ⇨ ① 偉 ② 着 ③ 勞 ④ 局

87. 陸 ⇨ ① 地 ② 練 ③ 束 ④ 仕

88. 道 ⇨ ① 商 ② 宿 ③ 順 ④ 路

7 다음 漢字와 음은 같으나 뜻이 다른 漢字를 고르세요. (89~91)

89. 團 ⇨ ① 財 ② 短 ③ 材 ④ 節

90. 當 ⇨ ① 堂 ② 兒 ③ 惡 ④ 變

91. 害 ⇨ ① 望 ② 錬 ③ 流 ④ 海

8 다음의 뜻에 어울리는 한자를 보기에서 고르세요. (92~94)

<보기> ① 靑雲 ② 觀光 ③ 順風
④ 友情 ⑤ 首相

92. 다른 지방이나 다른 나라의 풍물, 풍속을 구경함

93. 친구사이의 정

94. 내각의 우두머리

9 다음 漢字의 필순을 알아보세요. (95~97)

95. 當 (마땅당)자에서 화살표가 있는 획은 몇 번째로 쓰나요?

96. 束 (**묶을 속**)자에서 화살표가

있는 획은 몇 번째로 쓰나요?

97. 漢字의 필순이 잘못된 것을 고르세요.

① 法 法 法 法 法 法 法 法

② 良 良 良 良 良 良 良

③ 仕 仕 仕 仕 仕

④ 理 理 理 理 理 理 理 理 理

10 다음 漢字의 略字(획수를 줄인 漢字)를

쓰세요.(98~100)

98. 變

99. 實

100. 兒

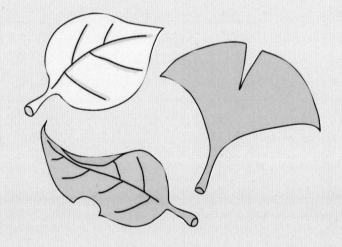

수험번호 □□□-□□-□□□□　　　성명 □□□□

주민등록번호 □□□□□□-□□□□□□□　　※유성 싸인펜, 붉은색 필기구 사용 불가.

※답안지는 컴퓨터로 처리되므로 구기거나 더럽히지 마시고, 정답 칸 안에만 쓰십시오.
　글씨가 채점란으로 들어오면 오답처리가 됩니다.

제 1회 한자능력검정시험 5급 II 답안지(1)

번호	답안지 정답	채점란 1검	채점란 2검	번호	답안지 정답	채점란 1검	채점란 2검	번호	답안지 정답	채점란 1검	채점란 2검
1				17				33			
2				18				34			
3				19				35			
4				20				36			
5				21				37			
6				22				38			
7				23				39			
8				24				40			
9				25				41			
10				26				42			
11				27				43			
12				28				44			
13				29				45			
14				30				46			
15				31				47			
16				32				48			

감 독 위 원	채 점 위 원 (1)		채 점 위 원 (2)		채 점 위 원 (3)	
(서명)	(득점)	(서명)	(득점)	(서명)	(득점)	(서명)

제 1회 한자능력검정시험 5급Ⅱ 답안지(2)

번호	정 답	1검	2검	번호	정 답	1검	2검	번호	정 답	1검	2검
	답 안 지	채점란			답 안 지	채점란			답 안 지	채점란	
49				67				85			
50				68				86			
51				69				87			
52				70				88			
53				71				89			
54				72				90			
55				73				91			
56				74				92			
57				75				93			
58				76				94			
59				77				95			
60				78				96			
61				79				97			
62				80				98			
63				81				99			
64				82				100			
65				83							
66				84							

※ 5급 II 과정을 모두 마친 다음에 모의고사 답을 이 곳에 기재하세요.

수험번호 □□□-□□-□□□□   성명 □□□□□

주민등록번호 □□□□□□-□□□□□□□   ※유성 싸인펜, 붉은색 필기구 사용 불가.

※답안지는 컴퓨터로 처리되므로 구기거나 더럽히지 마시고, 정답 칸 안에만 쓰십시오.
　글씨가 채점란으로 들어오면 오답처리가 됩니다.

제 2회 한자능력검정시험 5급 II 답안지(1)

번호	정답	1검	2검	번호	정답	1검	2검	번호	정답	1검	2검
1				17				33			
2				18				34			
3				19				35			
4				20				36			
5				21				37			
6				22				38			
7				23				39			
8				24				40			
9				25				41			
10				26				42			
11				27				43			
12				28				44			
13				29				45			
14				30				46			
15				31				47			
16				32				48			

감독위원	채점위원(1)	채점위원(2)	채점위원(3)
(서명)	(득점) (서명)	(득점) (서명)	(득점) (서명)

※본 답안지는 컴퓨터로 처리되므로 구기거나 더럽혀지지 않도록 조심하시고 글씨를 칸 안에 또박또박 쓰십시오.

제 2회 한자능력검정시험 5급Ⅱ 답안지(2)

번호	답 안 지 정 답	채점란 1검	2검	번호	답 안 지 정 답	채점란 1검	2검	번호	답 안 지 정 답	채점란 1검	2검
49				67				85			
50				68				86			
51				69				87			
52				70				88			
53				71				89			
54				72				90			
55				73				91			
56				74				92			
57				75				93			
58				76				94			
59				77				95			
60				78				96			
61				79				97			
62				80				98			
63				81				99			
64				82				100			
65				83							
66				84							

수험번호 ☐☐☐-☐☐-☐☐☐☐   성명 ☐☐☐☐

주민등록번호 ☐☐☐☐☐☐-☐☐☐☐☐☐☐   ※유성 싸인펜, 붉은색 필기구 사용 불가.

※답안지는 컴퓨터로 처리되므로 구기거나 더럽히지 마시고, 정답 칸 안에만 쓰십시오.
  글씨가 채점란으로 들어오면 오답처리가 됩니다.

제 3회 한자능력검정시험 5급Ⅱ 답안지(1)

번호	정 답	1검	2검	번호	정 답	1검	2검	번호	정 답	1검	2검
1				17				33			
2				18				34			
3				19				35			
4				20				36			
5				21				37			
6				22				38			
7				23				39			
8				24				40			
9				25				41			
10				26				42			
11				27				43			
12				28				44			
13				29				45			
14				30				46			
15				31				47			
16				32				48			

감 독 위 원	채 점 위 원 (1)		채 점 위 원 (2)		채 점 위 원 (3)	
(서명)	(득점)	(서명)	(득점)	(서명)	(득점)	(서명)

제 3회 한자능력검정시험 5급Ⅱ 답안지(2)

번호	정답	1검	2검	번호	정답	1검	2검	번호	정답	1검	2검
49				67				85			
50				68				86			
51				69				87			
52				70				88			
53				71				89			
54				72				90			
55				73				91			
56				74				92			
57				75				93			
58				76				94			
59				77				95			
60				78				96			
61				79				97			
62				80				98			
63				81				99			
64				82				100			
65				83							
66				84							

· 단원 확인 학습 (18p~19p)

1. 1)가격 2)객 3)격식 4)발견 5)결심 6)결과 7)경의 8)고 9)과제 10)과

2. 1)③ 2)⑧ 3)⑦ 4)⑨ 5)④ 6)② 7)⑩ 8)⑥ 9)⑤ 10)①

· 예상 문제 (20P~23P)

1. 1)정가 2)객석 3)격언 4)견학 5)결정 6)결성 7)경례 8)고별 9)과외 10)과식 11)물가 12)객지 13)합격 14)의견 15)대결 16)결합 17)경로 18)고발 19)일과 20)통과

2. 1)지날 과 2)격식 격 3)값 가 4)볼 견 5)공부할, 과정 과 6)고할 고 7)결단할 결 8)손 객 9)맺을 결 10)공경 경

3. 1)② 2)① 3)⑧ 4)④ 5)⑦ 6)⑤

4. 1)結成 2)格言 3)過度 4)課外 5)物價

5. 1)② 2)④ 3)① 4)③ 5)⑤

6.

· 단원 확인 학습 (36p~37p)

1. 1)관광 2)관 3)광장 4)도구 5)친구 6)결국 7)기 8)기 9)관념 10)재능

2. 1)⑦ 2)⑤ 3)④ 4)② 5)⑩ 6)③ 7)① 8)⑥ 9)⑧ 10)⑨

· 예상 문제 (38P~41P)

1. 1)관객 2)관문 3)광대 4)공구 5)구정 6)국면 7)기본 8)자기 9)신념 10)능력 11)관념 12)관심 13)광고 14)가구 15)구식 16)약국 17)기지 18)이기 19)통념 20)능수

2. 1)터 기 2)넓을 광 3)판 국 4)볼 관 5)갖출 구 6)몸 기 7)관계할 관 8)생각 념 9)능할 능 10)예 구

3. 1)⑧ 2)① 3)⑤ 4)⑥ 5)③ 6)② 7)⑩

4. 1)利己 2)廣場 3)客觀 4)結局 5)才能

5. 1)① 2)② 3)④ 4)③ 5)⑤

6.

· 단원 확인 학습 (54p~55p)

1. 1)단체 2)당연 3)도덕 4)도 5)독립 6)낭독 7)양심 8)여 9)학력 10)련

2. 1)④ 2)⑨ 3)⑦ 4)① 5)⑩ 6)⑧ 7)② 8)⑥ 9)③ 10)⑤

· 예상 문제 (56P~59P)

1. 1)단결 2)당시 3)미덕 4)도래 5)독특 6)명랑 7)양서 8)여행 9)내력 10)훈련 11)단합 12)당면 13)덕행 14)당도 15)독학 16)낭랑 17)불량 18)여객 19)역대 20)연습

2. 1)마땅 당 2)밝을 랑 3)홀로 독 4)둥글 단 5)지날 력 6)나그네 려 7)큰 덕 8)익힐 련 9)이를 도 10)어질 량

3. 1)⑤ 2)⑥ 3)⑩ 4)② 5)①

4. 1)歷代 2)良心 3)到來 4)德行 5)當面

5. 1)① 2)③ 3)② 4)⑤ 5)④

6. 當

· 단원 확인 학습 (72p~73p)

1. 1)공로 2)교류 3)서류 4)신대륙 5)소망 6)방법 7)변 8)병법가 9)식복 10)봉

2. 1)⑦ 2)⑨ 3)② 4)⑥ 5)⑧ 6)③ 7)④ 8)① 9)⑤ 10)⑩

· 예상 문제 (74P~77P)

1. 1)노동 2)유행 3)인류 4)육지 5)실망 6)문법 7)변동 8)병력 9)복리 10)신봉 11)노사 12)유통 13)분류 14)육로 15)야망 16)불법 17)변덕 18)용병 19)복음 20)행복

2. 1)병사 병 2)뭍 륙 3)받들 봉 4)법 법 5)변할 변 6)일할 로 7)흐를 류 8)바랄 망 9)무리 류 10)복 복

3. 1)③ 2)④ 3)⑥ 4)⑧ 5)⑨ 6)⑦ 7)②

4. 1)幸福 2)野望 3)變數 4)流通 5)勞動

5. 1)② 2)③ 3)⑤ 4)① 5)④

6.

· 단원 확인 학습 (90p~91p)

1. 1)사 2)국사 3)사대부 4)산업 5)상 6)상대 7)선 8)선명
   9)역설 10)성격

2. 1)② 2)⑥ 3)⑧ 4)① 5)④ 6)③ 7)⑦ 8)⑤ 9)⑨ 10)⑩

· 예상 문제 (92P~95P)

1. 1)봉사 2)역사 3)군사 4)생산 5)상인 6)상당 7)신선
   8)조선 9)설명 10)특성 11)출사 12)사관 13)사병
   14)산물 15)통상 16)상관 17)선녀 18)신선 19)설화
   20)천성

2. 1)고울 선 2)사기 사 3)서로 상 4)낳을 산 5)신선 선
   6)선비 사 7)장사 상 8)섬길 사 9)말씀 설 10)성품 성

3. 1)⑧ 2)① 3)⑨ 4)⑩ 5)④ 6)⑤

4. 1)仙女 2)國史 3)說明 4)道士 5)相反

5. 1)⑤ 2)④ 3)① 4)② 5)③

6.

· 단원 확인 학습 (108p~109p)

1. 1)만세 2)세련 3)속 4)부수 5)숙제 6)순풍 7)식별
   8)신 9)사실 10)신생아

2. 1)⑥ 2)④ 3)⑦ 4)③ 5)⑩ 6)⑤ 7)① 8)⑨ 9)⑧ 10)②

· 예상 문제 (110P~113P)

1. 1)세월 2)세수 3)단속 4)수석 5)숙소 6)순리 7)양식
   8)사신 9)실감 10)아동 11)연세 12)세면 13)결속
   14)수상 15)합숙 16)순산 17)의식 18)신하 19)과실

20)육아

2. 1)씻을 세 2)아이 아 3)묶을 속 4)알식, 기록할지
   5)잘 숙 6)순할 순 7)머리 수 8)열매 실 9)신하 신
   10)해 세

3. 1)③ 2)⑧ 3)① 4)⑨ 5)④ 6)⑦

4. 1)洗車 2)小兒 3)宿所 4)意識 5)順利

5. 1)② 2)④ 3)① 4)③ 5)⑤

6.

· 단원 확인 학습 (126p~127p)

1. 1)악덕 2)공약, 공약 3)양분 4)강요 5)우군 6)우수
   7)청운 8)원래 9)위업 10)이내

2. 1)② 2)③ 3)① 4)⑥ 5)⑤ 6)④ 7)⑨ 8)⑧ 9)⑦ 10)⑩

· 예상 문제 (128P~131P)

1. 1)악인 2)약정 3)양로 4)중요 5)우애 6)우천 7)운해
   8)원수 9)위대 10)이후 11)악명 12)약속 13)봉양
   14)주요 15)학우 16)강우 17)전운 18)원조 19)위인
   20)이남

2. 1)기를 양 2)으뜸 원 3)악할 악, 미워할 오 4)요긴할 요
   5)써이 6)비 우 7)구름 운 8)맺을 약 9)클 위 10)벗 우

3. 1)② 2)③ 3)⑨ 4)① 5)⑧ 6)⑦ 7)⑩

4. 1)惡意 2)養成 3)戰雲 4)以後 5)偉大

5. 1)① 2)③ 3)④ 4)② 5)⑤

6.

· 단원 확인 학습 (144P~145P)

1. 1)임 2)교재 3)재산 4)세계적 5)전설 6)고전 7)전개
   8)친절 9)명절 10)상점

2. 1)① 2)③ 3)⑨ 4)② 5)④ 6)⑦ 7)⑥ 8)⑧ 9)⑩ 10)⑤

· 예상 문제 (146P~149P)

1. 1)임의 2)재목 3)재력 4)적중 5)구전 6)법전 7)전망 8)일체 9)절약 10)서점 11)방임 12)악재 13)재단 14)목적 15)전기 16)상전 17)발전 18)절실 19)시절 20)본점

2. 1)재물 재 2)과녁 적 3)맡길 임 4)펼 전 5)가게 점 6)전할 전 7)마디 절 8)끊을 절, 온통 체 9)재목 재 10)법 전

3. 1)⑥ 2)⑨ 3)⑧ 4)② 5)⑤

4. 1)目的 2)展望 3)書店 4)財界 5)任意

5. 1)① 2)⑤ 3)④ 4)② 5)③

6.

· 단원 확인 학습 (162p~163p)

1. 1)사정 2)조화 3)고졸 4)각종 5)광주 6)전주 7)지식 8)질문 9)정착 10)참견

2. 1)① 2)⑨ 3)③ 4)④ 5)⑩ 6)⑦ 7)⑧ 8)② 9)⑥ 10)⑤

· 예상 문제 (164p~167P)

1. 1)감정 2)조리 3)졸업 4)종류 5)주군 6)매주 7)지성 8)인질 9)도착 10)참석 11)다정 12)조절 13)졸병 14)종족 15)전주 16)금주 17)감지 18)물질 19)착석 20)참전

2. 1)뜻 정 2)붙을 착 3)주일 주 4)알 지 5)참여할 참, 석 삼 6)마칠 졸 7)씨 종 8)바탕 질 9)고를 조 10)고을 주

3. 1)③ 2)① 3)⑦ 4)⑨ 5)② 6)⑤ 7)⑧

4. 1)友情 2)強調 3)知能 4)物質 5)着陸

5. 1)① 2)④ 3)② 4)③ 5)⑤

6.

· 단원 확인 학습 (180P~181P)

1. 1)책임 2)충분 3)주택 4)작품 5)필독서 6)명필 7)유해 8)문화 9)무효 10)흉악

2. 1)⑤ 2)⑩ 3)⑦ 4)③ 5)⑥ 6)④ 7)① 8)⑧ 9)② 10)⑨

· 예상 문제 (182P~185P)

1. 1)문책 2)충당 3)자택 4)품질 5)필승 6)필기 7)해악 8)강화 9)효과 10)흉년 11)책망 12)충족 13)가택 14)상품 15)필연 16)자필 17)수해 18)교화 19)효용 20)흉가

2. 1)해할 해 2)흉할 흉 3)붓 필 4)반드시 필 5)꾸짖을 책 6)집 택 7)물건 품 8)본받을 효 9)될 화 10)채울 충

3. 1)③ 2)④ 3)⑦ 4)⑧ 5)⑥ 6)⑨

4. 1)充足 2)必然 3)責望 4)凶作

5. 1)① 2)⑤ 3)③ 4)② 5)④

6.

· 실전대비 총정리 (187P~193P)

1.구식 2.풍속 3.물가 4.영원 5.가격 6.독서 7.도구 8.생색 9.관념 10.신식 11.이기 12.분수 13.선명 14.대답 15.생선 16.매번 17.위대 18.개방 19.성격 20.소신 21.유행 22.청춘 23.당도 24.별명 25.기본 26.대신 27.다정 28.안전 29.능동 30.동생 31.사신 32.심신 33.신선 34.작업 35.약속 36.방학 37.법전 38.태양 39.책임 40.병실 41.도착 42.선후 43.참전 44.시간 45.약재 46.현대 47.재산 48.등장 49.상점 50.가정

51.공부할, 과정 과 52.곧을 직 53.볼 관 54.푸를 청 55.고할 고 56.비로소 시 57.손 객 58.심을 식 59.큰 덕 60.쌀 미 61.비 우 62.따뜻할 온 63.장사 상 64.싸움 전

65.법 법 66.할아비 조 67.신선 선 68.동산 원
69.나그네 려 70.사랑 애 71.어질 량 72.일할 로
73.머리 두 74.머리 수 75.필 발 76.관계할 관
77.빠를 속 78.묶을 속 79.향할 향 80.예 구
81.자리 석 82.본받을 효 83.고을 선 84.기를 양
85.뭍 륙 86.알 지 87.복 복 88.바탕 질 89.받들 봉
90.무리 류

91.病 92.訓長 93.失手 94.小人 95.場所 96.靑春
97.放學 98.身體 99.區間 100.先後 101.別名 102.新式
103.形體 104.來年 105.百姓 106.南北 107.食事
108.名目 109.本部 110.同生

111.② 112.④ 113.① 114.③ 115.⑤

116.① 117.② 118.④ 119.③ 120.①

121.② 122.① 123.③ 124.④ 125.②

126.② 127.① 128.④ 129.⑤ 130.③

131.② 132.① 133.③ 134.① 135.④

136.열 번째 137.아홉 번째 138.일곱 번째
139.여섯 번째 140.여섯 번째

141. 関
142. 観
143. 広
144. 団
145. 伝

모의한자능력 검정시험 (제1회)

1 1.고가
2.고금
3.관광
4.개국
5.객차
6.군내
7.공과금
8.교가
9.광고
10.과목
11.결과
12.공공
13.가구
14.특별
15.공덕
16.가격
17.번호
18.광대
19.태양
20.관심
21.성공
22.약국
23.영원
24.당도
25.부장
26.객지
27.감동
28.결정
29.정원
30.만능
31.관념
32.제목
33.경례
34.병법
35.인류
2 36.볼 견
37.나타날 현
38.공경 경
39.지날 과
40.홀로 독
41.나그네 려
42.뿌리 근
43.바랄 망
44.섬길 사
45.서로 상
46.몸 체
47.성품 성
48.묶을 속
49.알 식/기록 할지
50.선 선
51.맺을 약
52.구름 운
53.과녁 적
54.고를 조
55.깃발 기
56.바탕 질
57.채울 충
58.본받을 효
3 59.空間
60.公共
61.男女
62.動物
63.對話
64.民間
65.木手
66.不動
67.姓名
68.死力
69.生色
70.所信
71.心身
72.王子
73.野生
74.年間
75.正直
76.體育
77.風土
78.海洋
4 79.④
80.③
81.②
5 82.④
83.⑥
84.⑨
85.⑤
6 86.②
87.③
88.①
7 89.②
90.①
91.③
8 92.独
93.③
94.④
9 95.여섯 번째
96.첫 번째
97.④
10 98.広
99.独
100.関

모의한자능력 검정시험 (제2회)

1 1.역사
2.문물
3.복리
4.명목
5.봉사
6.등산
7.생선
8.명분
9.신구
10.발병
11.과당
12.공부
13.공로
14.농사
15.육로
16.과실
17.지면
18.신선
19.통로
20.교류
21.역도
22.여행
23.수술
24.생산
25.산수
26.사신
27.야생
28.약속
29.동생
30.지식
31.입법
32.교실
33.기본
34.능동
35.수상
2 36.결단할 결
37.고할 고
38.능할 능
39.밝을 랑
40.이름 명
41.각각 각
42.익힐 련
43.변할 변
44.선비 사
45.고울 선
46.머무를/살 주
47.해 세
48.순할 순
49.신하 신
50.기를 양
51.살 활
52.써 이
53.전할 전
54.씨 종
55.거느릴 부
56.붙을 착
57.반드시 필
58.흥할 흥
3 59.高級
60.科目
61.工夫
62.農路
63.名門
64.文明
65.父母
66.世上
67.失手
68.雪山
69.時間
70.力道
71.夜間
72.安全
73.主人
74.窓門
75.特別
76.表面
77.夏服
78.活氣
4 79.①
80.④
81.①
5 82.⑦
83.①
84.③
85.⑪
6 86.④
87.②
88.③
7 89.①
90.③
91.②
8 92.③
93.④
94.⑤
9 95.다섯 번째
96.열한 번째
97.①
10 98.旧
99.価
100.労

모의한자능력 검정시험 (제3회)

1 1.우애
2.발생
3.세차
4.내년
5.숙식
6.사선
7.우의
8.대답
9.성격
10.식당
11.우정
12.매번
13.위대
14.대신
15.절전
16.운동
17.조절
18.원근
19.졸업
20.장소
21.육아
22.강약
23.재산
24.조상
25.법전
26.조석
27.상업
28.시작
29.설명
30.용기
31.세월
32.과실
33.품질
34.해악
35.책망
2 36.격식 격
37.쓸 고
38.맺을 결
39.공부할/과정 과
40.둥글 단
41.어질 량
42.모일 회
43.뭍 륙
44.받들 봉
45.급할 급
46.낳을 산
47.말씀 설
48.씻을 세
49.심을 식
50.곧을 직
51.머리 수
52.악할 악/미워할 오
53.요긴할 요
54.맡길 임
55.뜻 정
56.주일 주
57.꾸짖을 책
58.해할 해
3 59.計算
60.軍人
61.教室
62.對答
63.道路
64.每番
65.病名
66.世界
67.成功
68.始作
69.植木
70.外食
71.人間
72.勇氣
73.溫度
74.銀行
75.庭園
76.親近

77.表現

78.多幸

4 79.①

80.④

81.③

5 82.②

83.⑧

84.⑩

85.⑫

6 86.②

87.①

88.④

7 89.②

90.①

91.④

8 92.②

93.④

94.⑤

9 95.첫 번째

96.일곱 번째

97.④

10 98.変

99.実

100.児